中青年经济与管理学者文库

本书受华北水利水电大学高层次人才科研启动项目资助

重大资产重组：市场反应与管理层终止决策

高　丽　著

中国财经出版传媒集团
中国财政经济出版社

图书在版编目（CIP）数据

重大资产重组：市场反应与管理层终止决策/高丽著．—北京：中国财政经济出版社，2018.11
（中青年经济与管理学者文库）
ISBN 978－7－5095－8590－0

Ⅰ.①重…　Ⅱ.①高…　Ⅲ.①上市公司－资产重组－研究－中国　Ⅳ.①F279.246

中国版本图书馆 CIP 数据核字（2018）第 247472 号

责任编辑：孙　琛　　　　　　责任校对：黄亚青

中国财政经济出版社 出版
URL：http：//ckfz.cfeph.cn
E－mail：cfeph@cfeph.cn

社址：北京市海淀区阜成路甲 28 号　邮政编码：100142
营销中心电话：010－88191537
天猫网店：中国财政经济出版社旗舰店
网址：https：//zgczjjcbs.tmall.com
北京财经印刷厂印刷　各地新华书店经销
880×1230 毫米　32 开　6.25 印张　141 000 字
2018 年 12 月第 1 版　2018 年 12 月北京第 1 次印刷
定价：35.00 元
ISBN 978－7－5095－8590－0
（图书出现印装问题，本社负责调换）
本社质量投诉电话：010－88190744
打击盗版举报热线：010－88191661　QQ：2242791300

策划人语

题记：一个人的精神成长史，取决于他的阅读史。只有阅读能最有效地培养精神生活习惯，而好的习惯又培养性格，性格决定人生。

——我们自豪，因为我们就是创造这精神产品的人。

选择了飞翔，总能看到蓝天；选择了远航，总能感受大海。人生不仅要作出选择，也要坚持住自己的选择。学会计、当编辑是我的意外选择。人说编辑是为人做嫁衣，可是这一选择我坚持了27年，苦在其中，乐在其中，也算是有声有色。每当我把一本本好书呈献给人们的时候，我觉得我是“富贵”的人：富，不是你身上的钱财，而是你心里的满足；贵，不是你地位的显赫，而是你被人需要的程度。

书海探寻，情怀永恒

我要说，做编辑我幸运，因为我不仅是第一个读者，可以对作品“品头论足”，也可以对作品“生杀予夺”；更重要的是，这是一个很高层次的平台，在多年与名家的交往和名著的“对话”中，深深地为他们的人格和才学所感动，被作品的精彩所吸引，这不仅使我“下笔如有神”，更使我的思想和灵魂也受到一次次洗礼和震撼，得到一次次升华。对于我的作者我的书，如数家珍，作者中不乏才学和为人同样过人的多位泰斗和“颜值高责任大”的众多才子佳人；策划的作品不仅立足专业还兼顾人文，也是情怀所在，专业加人文路才会更宽。

多年的体会是，作为一名编辑，起码要“三心二意”，即“责任心、细心、耐心”和“服务意识、创新意识”。要多策划一些有分量的拳头产品，用一个选题推动一个系统工程，用一个系统工程培养一个出版社品牌。给新入职编辑讲座时我做过一个比喻：编辑两项基本功，审稿——甚至要比博导审批学生论文还要全面、细致；选题策划——要像电影导演一样做“星探”，善于发现优秀作者和挖掘好的原创作品。记不得27年来我策划和编辑了多少书，组织和策划了一大批教材、业务培训用书、通俗读物、理论专著等，有的获得过国家、省部级各类奖项，有的以其填补空白、社会热点、风格新颖、开拓尝试等特点受到读者的欢迎。20世纪90年代我开始自主策划选题，多年来每年都有新丛书问世。比如，21世纪初内部控制研究在国内刚兴起时，策划了《现代内部控制丛书》，其中《企业内部控制管理操作手册》是我鼓励作者将自己饱含心血的经过长期钻研和实践并证明卓有成效的成果奉献付梓，使得更多的人能受益于此，这无疑是对我国内部控制理论探索和实践发展的一种贡献，内部控制选题至今还是热点。2013年的《来去无尘——一位财政部长的生前事》所展现的吴波精神，与深入推进党风廉政建设相得益彰，得到中央领导同志的高度重视和重要批示。中央各大主流媒体纷纷连续报道，掀起了全社会学习吴波高尚情操的热潮。2014 年至今的前沿选题《财务云丛书》等也越来越受到业界认可。

想是问题，做是答案

众所周知，目前的图书出版业在行业竞争和纸质图书受到严重冲击的情况下，出版人无不感到莫大的危机。在这种背景下，策划一套专业图书是颇感困惑的一件事，风险更大。但即使这样我们也不能因噎废食、停滞不前，还要积极应对，继续发挥纸质图书的固有特质，挖掘出版内容和形式都精彩的原创作品，适应新形势下读者的更高需求。2017 年，我们接受新的挑战，开启新的征程，又策划《中青年经济与管理学者文库》《当代税收名家丛书》《中国税务律师系列丛书》《现代管理实务丛书》《高等院校应用型会计人才精细化培养系列教材》等，继续为扶持学术研究和总结最新成果，在高端研究与专业知识普及和应用之间搭建一座座有益的桥梁。

每一个时代的经济环境不同，理论研究和实务探索所需要解决的问题也有所差别。当前我国不仅处于经济结构调整和供给侧改革的攻坚期，同时也处于大数据和互联网突飞猛进的变革期，矛盾叠加，风险交汇，市场环境和组织模式不断演变发展、推陈出新，经济、管理、财税等领域的新理论、新思想、新方法、新工具也层出不穷。乱花渐欲迷人眼，击水三千浪几何？这些领域的研究人员被时代赋予了更艰巨的责任，也面临着更高、更多元的要求，我们不仅要具备更广阔的学术视野，而且要有更严谨的学术思维。

输在犹豫，赢在行动

《中青年经济与管理学者文库》的作者，都是我国经济与管理领域的中坚力量，也是未来的大家。他们中有些人潜心从事理论研究，有些人则深耕在实务一线，但无论现实身份如何，视野全都没有被拘泥在“象牙塔”内。他们从不同视角对市场经济的不同要素进行细致审视，然后汇聚于“财经版”这面旗帜之下，相互碰撞，彼此激荡，力求在市场经济转型升级的关键时期留下最新鲜的“中国印记”。

这些经济与管理领域的中青年学者，就是我国市场经济发展的潜力与优势，他们的研究成果，不仅将引领市场经济的各个组成环节向更科学、更先进的方向发展，而且将成为我国政府和企业在未来经济世界扮演更重要角色的支点与动力。祝愿这些中青年学者能攀上更高的学术之山，走向更远的研究之路，也期待宏观、中观、微观各个层面的市场参与者都能从这套文库中得到切实的启发与指引，在全面深化改革、增强发展活力的关键时期，发挥正能量和积极作用，为经济社会发展增添新的动力！

如果您认可，如果您有意愿，欢迎您和您的朋友加盟我们的作者队伍！在中国财经出版传媒集团的“旗舰”下，中国财政经济出版社这“老字号”，一定励精图治，谱写新的篇章。我们用“龙的精神，玉的品质”来助力您实现梦想！

策划人：樊清玉

邮箱：qingyuf@ sina. com

2017 年春

信息是资本市场的根本，股价的信息含量和信息的良好传递是提高资本市场效率的关键。本书基于手工收集的股改后上市公司重大资产重组的样本数据，考察了在全流通背景下，企业管理层在具体投资决策时是否主动从资本市场获取信息，以及资本市场的股价信息能否有利于实体企业投资决策的优化，得到了如下结论：

（1）我国重大资产重组事件的停复牌机制在一定程度上抑制了内幕交易的发生，并购预案公告日附近的市场反应较能真实地揭示投资者的市场预期，但仍然存在信息提前泄露的情况，这将有损股价信息的真实性、削弱股价信息含量。

（2）在并购预案公告后，企业管理层会积极从市场获取信息以制定相应的并购决策

（是否终止并购），预案公告后的市场反应越差，企业越有可能自行终止并购，证明了管理层在投资决策时存在倾听市场声音的行为。

（3）在管理层从市场获取信息的过程中，管理者持股、大股东持股和机构持股的作用机制存在差异。管理者持股并不能发挥约束代理行为的作用，相反，管理者持股比例越大，管理层从市场获取信息的可能性越低，支持管理主义理论；第一大股东在个人利益受损的情况，能在一定程度上促使企业管理层积极关注市场信息；机构投资者能够有效发挥监督作用，机构持股比例越大，管理层越有可能关注市场信息。

（4）基于预案公告时的市场预期，从短期和长期两个方面考察了企业并购终止决策的后果。从短期来看，当终止决策符合市场预期时，相比于预案公告时的市场反应，终止时的市场反应存在显著的反转现象；当不符合市场预期时，反转效应不显著。从长期来看，当终止决策符合市场预期时，企业的长期市场绩效会有少量提升，但结果不显著；企业的财务绩效在并购的当年会有显著提升，这在一定程度上说明投资者传递的市场信息有利于企业绩效的改善。

本书的研究结论表明，我国资本市场的股价能为企业管理层传递有价值的信息，企业依据股价信息制定的投资决策更加优化，这有助于更好地理解资本市场信息效率与企业真实投资效率之间的内在关系。通过本书的实证研究，一方面可为监管部门的政策制定提供经验证据；另一方面也可为企业管理者和广大投资者的决策提供参考依据。

全书共七章，具体如下：

第1章为绪论。首先阐述本书的研究背景，通过对重大资产重组现实状况的描述，提出了本书的研究视角；其次对本书的研究目的、研究意义、研究思路和本书的创新点进行了阐述。

第2章是制度背景与理论分析。首先明晰了重大资产重组的基本概念；其次梳理了重大资产重组监管制度的演变，并分析了现阶段呈现的新趋势，为本书的选题进一步提供支撑；再次探讨了全流通背景下重大资产重组的特征和重组终止的特征；最后对本书涉及的并购重组理论和资本市场效率理论进行了简要回顾，为本书的后续章节奠定了理论基础。

第3章为文献综述。本章遵循“市场反应（预期）—管理层决策（是否终止）—终止后果”的研究框架，主要从并购重组的市场反应、并购终止决策的影响因素以及并购终止的经济后果三个方面对相关文献进行了回顾，并在文献梳理的基础上进一步阐明了本书研究的理论意义和创新之处。

第4章是重大资产重组的短期市场反应。本章首先分析了重大资产重组预案公告时的短期市场反应状况及影响因素；其次对重组公告后的股价信息含量进行了初步检验，为后续章节奠定了基础。

第5章是管理层倾听市场的声音吗？本章实证检验了管理层终止决策与预案公告时短期市场反应的关系，以检验管理层是否倾听市场的声音，并从管理者、大股东和机构投资者三个维度对倾听市场的原因进行了分析。

第6章是管理层终止决策的后果分析。本章结合投资者的市场预期（即预案公告时的市场反应），考察了管理层终止决策的短期财富效应和长期后果，实证验证了我国资本市场的股价能够为微观企业决策者提供有价值的信息。

第7章为结论、局限和展望。本章对全文进行了总结并给出了相关的政策含义和建议，同时指出了本书的研究局限和研究展望。

虽然本书针对股价信息对实体经济具体投资决策的影响进行了一些探索性研究，并得出了期望的结果，但局限于笔者的学识和研究水平，文中难免存在一些不到位、有待深入之处，还有很多问题有待继续完善、深化和拓展。

高丽

2018 年 9 月于明慧园

第1章　绪论 ……………………………（1）
1.1　选题背景与研究视角 ………（1）
1.2　研究目的与研究意义 ………（7）
1.3　研究思路、方法和内容 ……（9）
1.4　主要的创新 …………………（13）

第2章　制度背景与理论分析 ………（14）
2.1　重大资产重组的概念、监管与特征 ………………………（14）
2.2　理论分析 ……………………（29）

第3章　文献综述 ……………………（34）
3.1　并购重组的市场反应 ………（34）
3.2　并购终止决策的影响因素 ……………………………（47）

3.3 并购终止决策的经济后果 …………………… (52)
3.4 文献评述与总结 ……………………………… (54)

第4章 重大资产重组的短期市场反应 …………………… (57)
4.1 短期市场反应的测算 ………………………… (58)
4.2 短期市场反应的分析 ………………………… (72)
4.3 本章小结 ………………………………………… (90)

第5章 管理层倾听市场的声音吗？——基于预案公告时市场反应的分析 …………………… (93)
5.1 理论分析与假设提出 ………………………… (95)
5.2 数据来源与研究设计 ………………………… (105)
5.3 实证结果分析 ………………………………… (113)
5.4 稳健性检验 …………………………………… (128)
5.5 本章小结 ……………………………………… (133)

第6章 管理层终止决策的后果分析：基于市场预期 … (135)
6.1 管理层终止决策的短期后果 ………………… (136)
6.2 管理层终止决策的长期后果 ………………… (149)
6.3 本章小结 ……………………………………… (159)

第7章 结论、局限和展望 …………………………… (161)
7.1 研究结论与启示 ……………………………… (161)
7.2 研究不足与展望 ……………………………… (164)

参考文献 ……………………………………………… (166)

第1章 绪 论

1.1 选题背景与研究视角

1.1.1 选题背景

资本市场效率（Market Efficiency）是金融经济学的核心问题之一[①]。从本质上看，市场效率有两个层面的含义：一是基于市场层面的信息效率（Informational Efficiency），是指虚拟资本价格对信息的反应速度和反应程度，也称定价效率（Price Efficiency）；二是对实体经济层面的资源配置效率（Resource Allocation Efficiency），是指虚拟资本价格对实体层面资

① 广义资本市场通常包括股票市场、股票期权市场、金融衍生品市场、中期票据和银行贷款市场、抵押产品市场、私人股份融资市场和外汇市场等，本书中的资本市场主要是指股票市场。

源配置的影响程度。在“信息—价格—实体经济—新信息”的循环框架下，一个有效的市场将通过引导资源的合理流动，以更低的资源投入，创造更大的社会产出，从而实现资源的合理配置，促进经济的快速发展。

经典的金融理论认为，当市场价格总是能够充分反映市场的所有信息时则为有效（Fama，1970），并指出在一个完全市场条件下，证券市场价格能够在任何时候提供准确的资源配置信号，优化企业的生产投资决策（Fama and Miller，1972），即强调市场的信息效率与资源配置效率具有一致性。在这一逻辑下，市场如何快速或较好地将信息反映到价格中，是促进资产市场效率的基本目标（O'Hara，1997）。然而，现实的资本市场很难满足完全市场的假设条件，由于信息不对称和代理冲突的普遍存在，信息的获取不可能没有成本，那么在一个非完全的市场条件下，市场的信息效率仅是信息引导价格变化过程中资本市场的效率，只代表资本市场效率的一个方面，价格变化对实体经济资源配置过程的影响则是市场配置效率的问题。Dow and Gorton（1997）通过理论模型证明了存在着市场信息有效而资源配置无效的可能性。游家兴（2008）指出，脱离市场的资源配置效率，片面地追求市场信息效率的提高，不仅框限了理论研究的视野，而且背离了证券市场以优化资源配置效率为终极目标的出发点。因此，市场效率的理论研究离不开对市场信息的资源配置效率的探讨。

从宏观层面来看，市场的资源配置效率主要表现为资本从投资回报率低的行业（或企业）向投资回报率高的行业（或企业）流动，其流动的速度越快意味着市场配置效率越高；从微观层面来看，市场的资源配置效率主要表现为企业投资决策带来的投资效益最大化。可见，无论是宏观还是微观层面，市场配置效率的改善最终均要通过实体经济的具体投资决策得以实现，那么，对市场资源配置效率研究的重点在于考察市场股价信息对实体经济效率的影响。Bond，Edmans and Goldstein（2012）在综述中指出，资本市场的价格有效不应该仅仅只关注股票价格在多大程度上反映了企业未来现金流的期望估值，而更应该关注价格在多大程度上反映了对企业决策有用的信息，即强调股价对实体经济的资源配置的有效性。因此，资本市场的股价信息对企业微观层面决策过程的影响是资本市场效率理论研究中一个值得探索的话题。

当然，股票市场要达到资源配置有效，其内含的前提条件是股价应富有信息含量（Stock Price Informativeness）。中国资本市场从无到有，在曲折中不断发展壮大，现有研究发现我国资本市场已初步具备弱式有效（陈晓悦等，1997；吴建环和赵君丽，2007；瞿宝忠和徐启航，2010 等），特别是股权分置改革后，制度性缺陷得到缓解。那么，在此背景下，我国资本市场的股价能为微观企业管理者在决策过程中传递有价值的信息吗？这是本书研究的基本出发点。

1.1.2　研究视角

依据本书研究的基本出发点，本书将立足我国上市公司的重大资产重组①事件，考察资本市场的股价信息对企业具体决策的影响及其经济后果，主要源于以下几个方面的考虑。

1.1.2.1　重大资产重组的政策变化

重大资产重组因涉及金额较大，为充分保障上市公司或者投

① 重大资产重组是我国并购重组的特殊术语，是指上市公司及其控股或者控制的公司在日常经营活动之外购买、出售资产或者通过其他方式进行资产交易达到规定的比例，导致上市公司的主营业务、资产、收入发生重大变化的资产交易行为，包括吸收合并、出售股权、发行股份购买资产、资产置换等重组形式。

资者合法权益，中国证监会对上市公司的重大资产重组实施审核制。在2008年之前，为防止虚假重组，重大资产重组的基本流程是“董事会决议（重组预案公告）—证监会审核—股东大会审议”，公司的股票在董事会决议公告日至证监会审核意见公告日之间一直处于停牌期①。但为充分发挥市场投资主体的积极性，2008年出台的《重大资产重组管理办法》（证监会令第53号）取消了重大资产重组中的长期停牌机制，重大资产重组的基本流程是“董事会决议（重组预案公告）—股东大会审议—证监会审核”，即上市公司的重组预案应先由股东大会审议，表决通过后再提交证监会审核。

政策变化后，我国上市公司重大资产重组大致需要经历以下五个阶段：第一阶段，公司宣布因重大事项停牌，在停牌期间，重组公司定期发布进展公告；第二阶段，董事会公布重组方案（预案）并复牌；第三阶段，公司召开临时股东大会表决重组方案；第四阶段，重组方案上报证监会，被受理，等待审核，此阶段公司股票正常交易；第五阶段，证监会通知，将于近期审核公司的资产重组方案，公司在收到通知后应及时公告，并停牌，待证监会审核结果公告后复牌。

可见，新的政策为研究投资者的股价信息对企业决策的影响提供了有利的契机：首先，在预案公告后，上市公司的重组方案能否获得股东大会或者证监会审议通过尚存在较多的不确定性，因而企业管理者有动机从市场获取信息，以了解市场投资者对重组方案的评估状况，并据以判断重组方案的合理性；其次，由于预案公告后上市公司股票即复牌交易，投资者会更加积极主动地

① 参考《关于上市公司重大购买、出售、置换资产若干问题的通知》（证监公司字〔2001〕105号）。

参与到“重组股”的交易活动中去，公告日后的股价波动反映了投资者对重组方案的估值预期，因此有利于合理地传递投资者对重组预案的估值信息；最后，由于经历长期停牌的等待，其重组预案公告并复牌时的股价波动（市场反应）能更加真实地体现为投资者对重组预案的反应程度。

1.1.2.2 重组终止现象频繁发生

按照相关规定，在重大资产重组的进程中，上市公司可根据自身情况自行选择是否终止重组。随着重组活动的日益增多，重大资产重组终止的现象也屡见不鲜，据有关数据显示，2013 年共有近 120 家上市公司发布了并购重组停止实施和失败的公告[①]，2014 年截至 11 月底已有 80 余家上市公司终止并购[②]。重组终止的频繁发生为清晰地考察管理者的决策行为（是否终止）提供了便利。

同时，根据相关披露规则，为充分保障投资者的利益，上市公司重大资产重组过程中应充分披露重组的进程情况，一旦发生终止，应在第一时间披露，这样的政策规定为合理获取“重组是否终止”的样本数据提供了保证，有利于本书的实证检验分析。

1.1.2.3 “自行终止”判断的合理性

国外学者在研究企业重组终止决策时，存在一个较大的问题，即“并购终止究竟是企业自行终止还是被迫终止”，也就是说，企业的终止可能并非是管理者的主动决策行为。但是，我国重大资产重组一般不属于敌意收购，按照现行规定，重组各方在

① 重组成功与否需看大股东实力．http：//gzdaily. dayoo. com/html/2014 -03/27/content_2579449. html.

② 盘点 2014 年上市公司终止并购案例及终止原因．http：//finance. jrj. com. cn/biz/2015/01/06085718652067. shtml

重组停牌期会进行协商，针对重组方案进行必要的沟通，只有在重组各方初步达成一致的意向后才公布重组预案。随着重组预案的公布，重组对象以及交易价格基本确定，随后，上市公司会每周定期公布重组方案的实施进展情况，一旦决定终止重组，应及时披露终止的原因，这有助于对并购终止的原因进行较为合理的判断，并较容易地获取“自行终止”的样本。

1.1.2.4 “题材炒作”现象严重

我国重大资产重组一直存在着“题材炒作”现象，资本市场上的“重组概念股”上演了一幕幕涨跌停大戏，如圣莱达在宣布重大资产重组预案并复牌后连续7个交易日一字涨停、爱使股份复牌后连续6日涨停、山东黄金则在预案公告日遭遇跌停板、首钢股份在预案公布时遭遇跌停后却在证监会审核通过时获得一字涨停，等等。可见，在企业实施资产重组的过程中，投资者存在“题材炒作”现象，那么，重大资产重组作为我国上市公司重要的并购形式，重组预案公告的市场反应是否具有信息含量、管理者是否会关注投资者的市场反应并从那里获取相关信息，以及投资者的非理性行为是否导致股价无法为管理者提供有价值的信息等都是值得验证的话题。

因此，本书认为，我国的重大资产重组事件为研究市场信息对企业投资决策的影响提供了一个天然的“实验场景”。投资者在预案公告时的市场反应能为企业传递有价值的信息吗？企业管理层在制定具体投资决策时会关心市场吗？依据股价信息进行的相关决策的后果又是如何？对这一系列问题的回答将有利于考察资本市场的股价信息对微观实体企业决策的真实影响，进而更好地理解市场信息效率与企业真实效率之间的内在逻辑机理。

1.2 研究目的与研究意义

1.2.1 研究目的

本书以2008~2014年中国上市公司的重大资产重组事件为样本，研究重组预案公告的市场反应对企业并购决策（是否终止）的影响，并分析管理层终止决策的短期和长期后果，其目的在于考察我国资本市场的股价能否为企业决策者传递有价值的信息。具体而言，本书的研究目的有如下几个：

（1）我国重大资产重组具有独特的中国特色，不同于一般意义上的并购，本书首先对这一特殊并购行为的短期市场反应及影响因素进行了详细的分析，以考察在停复牌机制下重组信息是否存在提前泄露？在经历长时间的停牌等待后，投资者的市场反应是过度（Over - reaction）还是不足（Under - reaction）？特别是与一般意义的并购相比，影响重大资产重组市场反应的因素是否具有不同？进一步，通过考察短期市场反应与并购是否成功之间的关系，以初步验证股价信息是否具有一定的信息含量。

（2）基于重大资产重组预案公告时的短期市场反应，分析管理层的终止决策与市场反应之间的关系，以检验管理层在制定并购决策时是否会倾听市场的声音。进一步，本书继续从管理者代理问题、大股东利益、机构投资者监督等多个角度对管理层倾听市场声音的原因进行分析，以揭示管理层倾听市场声音的内在机理。

（3）根据投资者的市场预期（即预案公告时的市场反应），本书最后综合考察了管理层决策的短期和长期后果：从短期来看，管理层终止重组时的市场反应会随市场预期的不同存在差异吗？长期来看，符合市场预期的管理层决策的长期绩效如何？其目的在于分析依据股价信息制定的投资决策是否更加有效，以验证我国资本市场的股价信息能否为微观企业决策者提供有价值的信息。

1.2.2 研究意义

1.2.2.1 理论意义

首先，重大资产重组是我国上市公司并购的重要形式之一，在全流通背景下呈现许多新的特征，如支付方式更加多元化、并购信息披露更加透明化，对这一类型并购的短期财富效应和长期绩效进行研究，进一步丰富了我国并购重组绩效的相关文献。

其次，国内现有研究发现股价信息能够影响并优化企业的投资决策，但鲜有文献直接研究股价信息对企业具体投资决策的影响，本书通过考察股价信息对企业并购决策的影响，补充了股价信息含量方面的相关研究，同时提供了新兴市场的经验证据。特别是，通过考察并购决策的经济后果，经验证了股价信息的资源配置作用，为资本市场的资源配置效率提供了间接证据，有利于更好地理解资本市场的信息有效和资源配置有效的内在联系，丰富了资本市场效率的理论研究。

最后，并购重组终止是并购活动中日渐频繁的现象，但国内鲜有文献对这一现象进行研究，本书通过考察并购终止的短期财富效应及长期后果，可以更好地理解并购终止中涉及的相关并购理论，丰富了并购终止的相关文献，扩展了我国企业并购重组的研究范畴。

1.2.2.2 现实意义

资本市场最核心的功能不在于对增量资源的配置，而是对存量资源的再配置。2014年5月国务院颁发了《关于进一步促进资本市场健康发展的若干意见》（国发〔2014〕17号），其核心目的是更好地发挥资本市场优化资源配置的作用，提高市场效率。重大资产重组作为资本市场重要的资源配置方式，其健康发展对深化企业改革、优化产业结构、提高配置效率等具有重要的作用，本书研究为充分理解“重组概念股”的市场反应现状、资本市场信息的资源配置效率等提供了经验证据，有利于监管层更好地进行制度设计和政策安排，具有一定的现实意义。

本书通过对市场信息和企业重组决策之间关系的研究，以及重组决策经济后果的分析，研究发现股价信息可为企业决策提供有价值的信息。因此，本书的研究可为上市公司制定并购重组的决策提供参考借鉴，同时，也为广大投资者的理性投资提供了一定的经验证据。

1.3 研究思路、方法和内容

1.3.1 研究思路

依据研究目的，本书将按照“预案公告—市场反应—管理层决策—终止决策后果”的研究主线开展研究，具体研究思路如图1-1所示。

1.3.2 研究方法

本书的研究立足上市公司重大资产重组事件，在相关研究成果的基础上，依赖经济学和管理学等现有理论，采用定性与定量分析、规范与实证分析相结合等综合方法对我国上市公司重组预

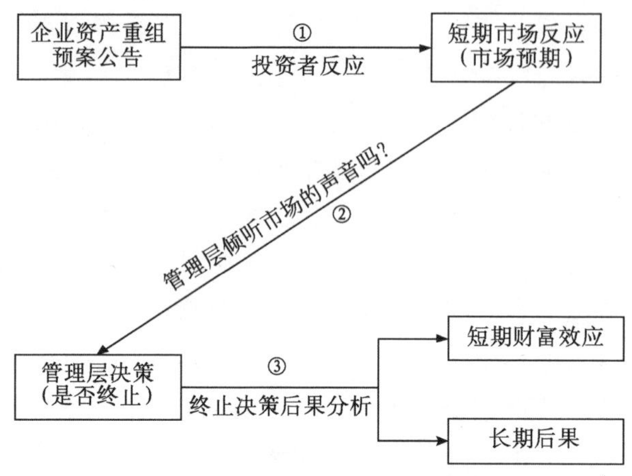

图 1－1　本书的研究思路

案公告后的决策行为进行了系统和深入的探讨。

根据研究内容，本书主要采用规范分析与实证分析相结合的研究方法。规范分析方法主要用于结合现有文献，进行文献归纳和综述。实证分析主要采用事件研究法、方差分析法和回归分析法：通过事件研究法分析重大资产重组的短期市场反应；通过方差分析和回归分析法对市场反应的影响因素、管理层决策及其影响因素、管理层决策的后果进行实证检验。

1.3.3　研究内容与研究框架

1.3.3.1　研究内容

全文共包括七章，具体如下：

第 1 章是绪论。首先阐述本书的研究背景，通过对重大资产重组现实状况的描述，提出了本书的研究视角；其次对本书的研究目的、研究意义、研究思路和创新点进行了阐述。

第 2 章是制度背景与理论分析。首先明晰了重大资产重组的基本概念；其次梳理了重大资产重组监管制度的演变，并分析了现阶段呈现的新趋势，为本书的选题进一步提供支撑；再次探讨了全流通背景下重大资产重组的特征和重组终止的特征；最后对本书涉及的并购重组理论和资本市场效率理论进行了简要回顾，为本书的后续章节奠定了理论基础。

第 3 章是文献综述。本部分遵循“市场反应（预期）—管理层决策（是否终止）—终止后果”的研究框架，主要从并购重组的市场反应、并购终止决策的影响因素以及并购终止的经济后果三个方面对相关文献进行了回顾，并在文献梳理的基础上进一步阐明了本书研究的理论意义和创新之处。

第 4 章是重大资产重组的短期市场反应。本章首先分析了重大资产重组预案公告时的短期市场反应状况及影响因素；其次对重组公告后的股价信息含量进行了初步检验，为后续章节奠定了基础。

第 5 章是管理层倾听市场的声音吗？实证检验了管理层终止决策与预案公告时短期市场反应的关系，以检验管理层是否倾听市场的声音，并从管理者、大股东和机构投资者三个维度对倾听市场的原因进行了分析。

第 6 章是管理层终止决策的后果分析。结合投资者的市场预期（即预案公告时的市场反应），考察了管理层终止决策的短期财富效应和长期后果，实证验证了我国资本市场的股价能够为微观企业决策者提供有价值的信息。

第 7 章是结论部分。本章对全书进行了总结并给出了相关的政策含义和建议，同时指出了本书的研究局限和研究展望。

1.3.3.2　研究框架

根据本书的研究思路，图 1－2 列示了本书的研究框架。

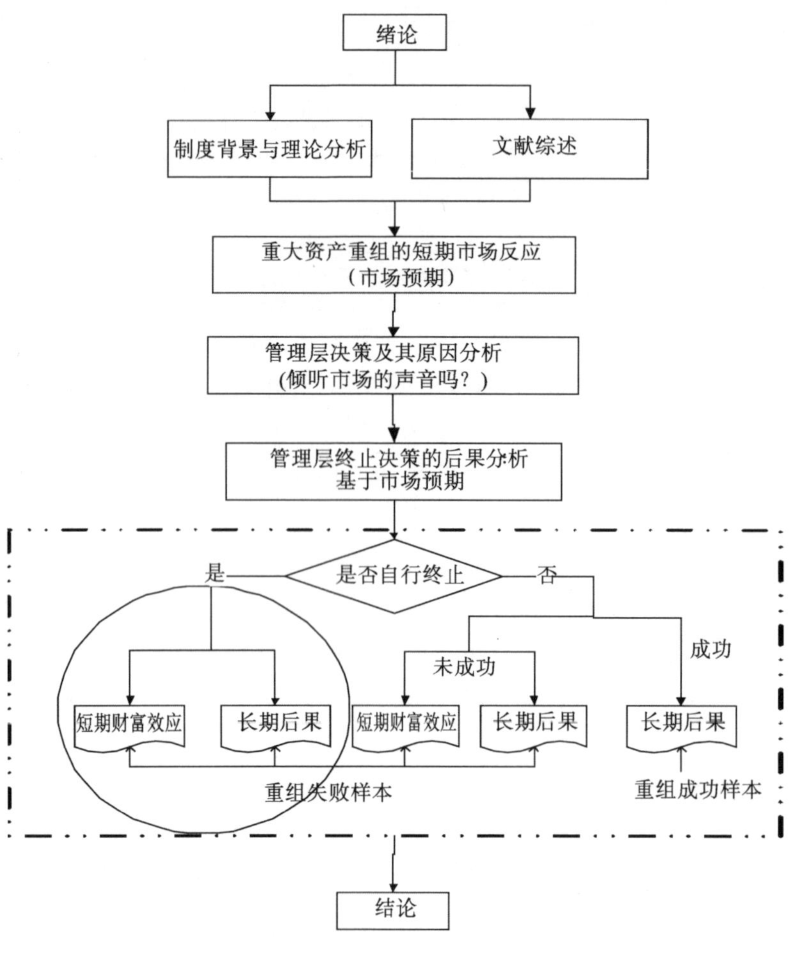

图 1－2　本书的研究框架

注：为更清晰地呈现管理层决策的后果，图中虚线部分对本书全部样本的决策后果进行了列示，但依据本书的研究目的，文中重点只分析了管理层终止决策的后果，即圆圈中标示的内容。

1.4 主要的创新

本书主要在以下三个方面存在可能的创新：

第一，国内学者在研究股价信息对企业投资决策影响时，较少针对企业具体的投资决策进行研究，本书以中国重大资产重组的“天然事件”为出发点，根据“预案公告——终止或继续”的重组决策过程，考察了预案公告时的市场反应对管理层后续并购决策的影响程度，从一个全新的视角分析了我国资本市场股价信息对微观企业投资决策的影响。

第二，本书立足市场预期，按照“市场预期—决策—决策后果”的逻辑主线，依据实体经济中微观企业的经营业绩指标和市场绩效指标，较全面地考察了股价信息对企业决策影响的长期效果，对资本市场根据价格信号机制配置资源的效率进行了验证，为检验资本市场效率提供了一个新的思路。

第三，随着我国市场化重组的不断推进，重组终止的现象也日渐增多，但国内鲜有学者对其短期财富效应进行研究。本书通过手工整理的数据，对这一现象进行了探索性研究，并且针对终止的不同类型（自行终止和被迫终止）进行了比较分析，为并购终止的决策后果提供了新兴市场的经验证据。

第2章 制度背景与理论分析

2.1 重大资产重组的概念、监管与特征

2.1.1 重大资产重组的概念辨析与定义

2.1.1.1 概念辨析

目前国内外对资产重组并没有统一的概念。在理论上，兼并（Mergers）、收购（Acquisitions）和重组（Restructuring）通常代表着不同的经济现象。兼并收购（M & A）领域主要涉及控制权和所有权的转移，强调的是企业的扩张行为，而重组（Restructuring）领域通常是指一个企业的组织和运营发生重大的变化，主要表现为公司调整，不强调控制权和所有权的必然转移。重组的形式主要包括资产剥离（Divestiture）、重组金融债权及其他战略

等，其中资产剥离常见的形式又表现为资产出售（Sell - offs）、股权切离（Equity Carve - outs）和分立（Spin - offs）等（威斯通等，2006）。可见，理论上来看，狭义的资产重组仅仅体现为企业的资产剥离，强调的是企业的收缩行为，范围相对较窄①。

在我国，资产重组是伴随着国有企业改革而产生的，起初由于国有经济中国有企业终极产权的一致性，资产重组表现为单纯附属性的资产转移、分化和组合，这种非市场化的以物为主要调整对象的重组不能称为完整意义上的企业重组，因为它的着眼点是国有经济整体结构的优化，在操作上也主要表现为国有经济体系内部国有资产的配置和管理方式的行政性调整。随着非公有制经济的发育和成长、国有企业的股份制改造、企业产权的多元化以及企业用人机制的改革，我国企业“重组”的内涵才逐渐从单纯的“资产重组”过渡到企业的全部要素重组，重组方式的行政性也才逐渐淡化。

在中国证券市场的实践中，上市公司资产重组已经成为所有公司重大非经营性或非正常性变化的总称。这里的“资产”早已超越会计学意义的资产范畴，泛指一切可以利用并为企业带来收益的资源，除了经济资源，还包括人力资源和组织资源等；这里的“重组”也已远远超越了理论上的重组（Restructuring）范畴，比如：上市公司在重组中收购了一家公司，对重组方来说，重组行为是一种扩张行为，而对目标公司而言则是一种控制权或所有权的转移行为，对目标公司的出让方来讲又是一种收缩或调整行为。因此，在我国，资产重组是一个与兼并、收购相关联的概念，可以看成是有关兼并、收购、托管、资产置换、借壳、买

① 这一结论也可从国外研究资产重组的文献中得以佐证，如 Kang & Shivdasani（1997）和 Perry & Shivdasani（2005）等。

壳等行为的总称，是企业资源和要素再调整的重要形式。鉴于此，本书对资产重组、并购重组、并购或者重组等概念不进行严格的区分。

2.1.1.2 重大资产重组的界定

重大资产重组是我国的特殊术语，根据《上市公司重大资产重组管理办法》（2014 年修订），重大资产重组是指上市公司及其控股或者控制的公司在日常经营活动之外购买、出售资产或者通过其他方式进行资产交易达到规定的比例，导致上市公司的主营业务、资产、收入发生重大变化的资产交易行为。这一概念至少包含以下三个方面的内容：

第一，资产重组实施的主体不仅包括上市公司本身，还包括上市公司控股或者控制的公司。

第二，资产重组的形式仅限于日常经营活动之外进行的资产交易，企业的日常经营活动（如购买固定资产、原材料等）不论交易金额多大，均不构成重大资产重组。

第三，资产重组的行为结果表现为导致上市公司的主营业务、资产、收入发生重大变化。根据规定，“重大”的界定有如下三个标准：（1）购买、出售的资产总额占上市公司最近一个会计年度经审计的合并财务会计报告期末资产总额的比例达到 50% 以上；（2）购买、出售的资产在最近一个会计年度所产生的营业收入占上市公司同期经审计的合并财务会计报告营业收入的比例达到 50% 以上；（3）购买、出售的资产净额占上市公司最近一个会计年度经审计的合并财务会计报告期末净资产额的比例达到 50% 以上，且超过 5000 万元人民币。当符合上述标准的任一条件时则构成重大变化。根据规定，上市公司同时购买、出售资产的，应当分别计算购买、出售资产的相关比例，并以二者中比例较高者为准。

2.1.1.3　重大资产重组与上市公司收购的辨析

在我国，上市公司并购重组的法律规范包括上市公司收购和重大资产重组两套体系，并分别以《上市公司收购管理办法》和《上市公司重大资产重组管理办法》为核心。根据相关规定，上市公司收购是指收购人通过取得股份、投资关系、协议及其他安排的途径，取得对某一上市公司的控制权的行为，而重大资产重组则是由上市公司及其控股或者控制的公司发起的重大资产交易行为，二者在概念上主要体现在以下几点差异：

（1）实施主体不同。上市公司收购通常是由收购人发起，重大资产重组则是由上市公司自身发起。

（2）目的和行为结果不同。上市公司收购的目的是收购人获得某一上市公司的控制权，而重大资产重组一般情况下不会发生上市公司控制权的变更，只是产生主营业务、资产、收入等的重大变化。

（3）认定标准不同。上市公司收购的认定标准是收购人及其一致行动人在上市公司中拥有的权益，包括登记在其名下的股份和虽未登记在其名下但该投资者可以实际支配表决权的股份。按照《上市公司收购管理办法》，当收购人及其一致行动人拥有权益的股份达到上市公司已发行股份的5%但未达到20%时，应当在该事实发生之日起3日内编制权益变动报告书；达到20%但未超过30%的，应当编制详式权益变动报告书；达到30%后继续增持股份的，应当采取要约方式进行，发出全面要约或者部分要约。而重大资产重组的认定标准是资产交易是否达到规定的比例，导致公司的主营业务、资产和收入发生重大变化。

尽管二者存在概念上的差异，但由于重大资产重组中可以采用股份支付的方式，如果在重组中涉及上市公司股份发行或转让，则仍适用上市公司收购中的相关法律规定，即：当交易相关方受让上市公司股权达到法定比例的，应当按照《上市公司收购管理办法》的规定履行相关义务。

由此可见，随着上市公司重组形式的多样化，在实践中重大资产重组与上市公司收购两者之间存在重合，但相对而言，重大资产重组的范围更为广泛，是一个涵盖了资产重组与收购的综合行为：一方面上市公司通过资产交易实现了自身资产的重组；另一方面股权交易的发生又会引发上市公司收购行为。

2.1.2 上市公司资产重组监管制度的演变

随着1990年12月和1991年7月上海、深圳股票交易所的相继成立，上市公司并购重组日益成为企业产权交易的重要形式。但由于特殊的历史背景，我国上市公司资产重组制度的设立及其监管是伴随资本市场的实践不断发展和完善的，大致经历了如下几个阶段：

2.1.2.1 第一阶段：萌芽阶段（1990~1999年）

20世纪90年代，我国处于计划经济和市场经济并存并由计划经济向市场经济转轨的过程中，资产的分配和管理具有典型的行政色彩，资源配置效率不高，由此产生的产出性约束、融资约束以及投资约束严重制约了国有企业的投资效率，影响了经济增长速度。要解决资源配置效率的问题，核心就在于进行全方位的市场化改造，特别是国有企业的市场化改革。然而改革是要付出成本和代价的，只靠国家提供资金不能满足企业改革对资金的需求，最有效的途径是通过资本市场，在资本市场上进行资本运营，通过产权、股权和债权等交易实现资产重组（曹凤岐，1999）。因此，通过资本市场对国有企业进行资产重组成为改善宏观经济发展的必然路径。

1993年3月，深圳市政府对原野公司的重组拉开了中国资本市场资产重组的序幕，此举也开创了用行政手段对上市公司进行资产重组的先河。但由于国有股和公有性质的法人股转让存在意识形态的顾虑，上市公司重组直到党的“十五大”之后才大量涌现。1997 年下半年召开的党的“十五大”明确指出：“要从战略上调整国有经济的布局，对关系到国民经济命脉的重要产业和关键领域，国有经济必须占支配地位。在其他领域，可以通过资产重组和结构调整，以加强重点，提高国有资产的整体质量。”在“十五大”精神的鼓舞下，各级政府利用自己作为国有资产所有者的身份和在上市公司中的绝对控股地位，将国有资产在各投资主体和上市公司之间闪转腾挪，通过国有资产和国有股权的无偿划拨成功实现保壳目标。据统计，1997 年深沪两市有 211 家上市公司发生了 270 余起重组事件。进入 1998 年之后，并购重组无论在深度上还是在广度上都出现了较明显的突进。据统计，1998 年度 815 家 A 股上市公司中公告了并购重组方案的有 394 家，涉及案例 705 起，平均每个交易日至少有两则并购重组公告。

随着资本市场上重组事件的日渐增多，重组中存在的一些问题凸显出来。一是上市公司重组具有较浓的行政色彩，地方政府过多的行政干预导致重组后绩效并不明显；二是上市公司重组动机多源于保“壳”和获取再融资资格的目标，财务式重组和虚假重组较多，实质性重组较少；三是借壳上市频繁发生，由于我国 IPO（首次公开招募）实行审核制度，上市公司存在所谓的“壳”资源，导致许多企业通过重大资产重组实现借壳上市。这些问题都属于中国的特殊国情，并无成熟的经验可以借鉴，如何规范上市公司的重组行为成为监管当局的重中之重。1998 年 2 月，证监会发布了《关于上市公司置换资产变更主营业务若干问题的通知》（证监上字〔1998〕26 号），明确规定：“上市公司通过置换资产变更主营业务，导致上市公司主体资格发生变化的，必须报中国证监会新股发行程序重新审批。未经中国证监会审批，上市公司不得擅自行动，与前述有关的资产重组活动，应当在证监会统一部署下，选择试点，谨慎操作，总结经验，逐步推广。”这一政策的出台，在一定程度上避免了上市公司随意改变主营业务所带来的负面效应，防止了一批不符合上市公司要求的资产借壳上市，同时也标志着我国上市公司重大资产重组制度建设的开始。

可见，在这一阶段，我国上市公司资产重组基本属于政府主导，相应的重组决策也带有浓厚的行政色彩，资本市场的资源配置作用很难有效发挥。

2.1.2.2 第二阶段：规范阶段（2000～2007年）

进入21世纪，随着我国加入世界贸易组织，我国市场经济迎来了全球化的时代，上市公司资产重组活动急剧增多，为进一步规范，中国证监会先后出台了一系列文件，上市公司资产重组监管体系逐步建立。

2000年6月，证监会废止了《关于上市公司置换资产变更主营业务若干问题的通知》，同时发布了《关于规范上市公司重大购买或出售资产行为的通知》（证监公司字〔2000〕75号），首次明确了“重大资产重组”的定义，放松了监管制度，简化了监管程序，由“审批制”调整为“事后备案制”。为有效遏制上市公司的虚假重组，保护中小投资者的利益，2001年12月证监会废止了第75号文，重新颁布了《关于上市公司重大购买、出售、置换资产若干问题的通知》（证监公司字〔2001〕105号），将重大资产重组监管由“事后备案制”改为“事中审批备案制”，并明确了上市公司重大资产重组的流程，要求上市公司在形成董事会决议后应向证监会及其地方派出机构报备材料，证监会在20个工作日内对报备材料如无异议，董事会方可发出召开股东大会的通知。

2002年9月，中国证监会根据《证券法》发布了首部规范收购上市公司行为的管理文件《上市公司收购管理办法》（第10号令）。该办法与配套的《上市公司股东持股变动信息披露管理办法》（第11号令）把上市公司并购重组纳入统一的监管体系，有效遏制了虚假重组的发生，强化信息披露，构成了以充分信息披露为基础、鼓励上市公司实质性收购的公司收购法律制度框架，这是资本市场规范发展的重大举措。

2005年4月29日，我国正式启动股权分置改革，全面展开了以股权分置改革为核心的中国资本市场游戏规则的重新设计。2006年7月31日证监会修订了《上市公司收购管理办法》（第35号令），确立了以市场化为导向的上市公司收购制度，充分发挥市场机制对上市公司收购活动的约束作用，有利于提高资本市场效率。2007年9月17日，证监会正式发布了《上市公司重大资产重组管理办法（征求意见稿）》、《上市公司非公开发行股票实施细则》（证监发行字〔2007〕302号）、《关于规范上市公司信息披露及相关各方行为的通知》（证监公司字〔2007〕128号）等6项涉及上市公司资产重组、非公开发行和信息披露的文件，从不同侧面注重发挥市场机制对市场主体的约束力量，强化中介机构的责任，突出社会监督的作用，这对市场上出现的个别机构借资产注入、整体上市、收购、借壳之名大肆炒作，以及虚假披露和内幕交易等现象起到了有效的遏制作用。

在此阶段，随着有关法律法规的出台以及市场意识的强化，我国上市公司的重组开始逐步转向实质性重组，重组动机不再是单纯的保“壳”或再融资动机，目标公司的选择不再仅仅停留在“绩差”壳资源股，一些绩优上市公司积极利用优势、进行以调整产业结构和提升产业发展为目的的战略性重组逐渐增多，资本市场通过资源整合达到优化资源配置的功能开始初步显现。根据中国证监会资料，2007 年我国上市公司并购重组的交易数量达到 1759 笔，通过并购重组注入上市公司的资产共计约 739 亿元，增加上市公司总市值 7700 亿元，平均每股收益提高 75%①。尽管如此，但由于这一阶段的重点在于防止虚假重组，监管层对资产重组仍侧重行政监管，导致投资者在企业的具体重组决策中基本没有发言权，市场机制的有效发挥仍受到限制。

2.1.2.3　第三阶段：市场化阶段（2008 年至今）

随着股权分置改革的完成，我国进入了全流通的时代，二级市场的价格将直接关系到大股东的利益，上市公司及各方投资者之间的博弈机制发生根本性的变化，大股东、企业管理层与其他股东的利益逐渐趋于一致，其中，作为大股东代理人的政府的行为也日趋理性。上市公司并购重组的动力越来越大，方式不断创新，数量迅速增多，并购的运作方式和支付手段等交易特征都呈现出不同于以前的特点。为适应全流通时代的市场形势，扩大重组手段和市场化水平，2008 年 4 月 16 日证监会正式颁布《上市公司重大资产重组管理办法》（第 53 号令），重大资产重组的制度终于从规范性文件上升为规章，监管理念及监管方式趋于完善。与过去的相关法律法规相比，新规主要有以下几个方面的改进：

一是优化重大资产重组的财务计算指标。考虑到实践中有些公司资产净额较小，一些金额不高的资产交易也很容易达到重大重组标准而需要申报审批，影响公司运作效率，新办法则从相对

① 尚福林："支持上市公司参与行业整合"，《上海证券报》，2008 年 2 月 21 日。

指标和绝对指标两个方面进行评判，交易的成交金额达到资产净额的 50% 以上且超过 5000 万元的才认定为重大资产重组。

二是通过完善交易决策和批准程序（独立董事把关、股东大会投票、证监会审核等）、增加股份支付等必要的并购工具、强化中介机构作用和责任等措施，鼓励与支持并购重组创新，进一步理顺并购重组的利益机制。

三是强化信息披露的及时性、公平性，专设“重大资产重组的信息管理”一章，对相关各方在重组事项筹划、决策过程中的信息公开披露、信息保密、信息澄清、信息记录保存和申请停牌等方面作了详细规定，增加信息的市场透明度。

四是明确以发行股份作为支付方式向特定对象购买资产，专列“发行股份购买资产的特别规定”一章，对上市公司以发行股份作为支付方式向特定对象购买资产的原则、条件、股份定价方式、股份锁定期等作了具体规定，以期更好地规范和引导市场创新。

五是加强对中小股东权益的保护。为与修订后的《公司法》相衔接，将股东大会审议通过重大资产重组方案的表决权比例由 1/2 以上修改为 2/3 以上，同时明确关联股东须回避表决。此外，规定上市公司就重大资产重组事宜召开股东大会的，应提供网络或者其他方式为股东参加股东大会提供便利，以此强化股东自治，促进市场主体的自我约束。

《上市公司重大资产重组管理办法》的发布实施，既是监管部门在新的市场环境下做出的积极而有力的应对，更是在继续推进市场化进程中做出的重大制度支持。自此，我国上市公司并购重组逐步迈入了市场化重组的阶段。围绕推进市场化并购重组改革主线，2011 年 8 月证监会进一步发布了《关于修改上市公司重大资产重组与配套融资相关规定的决定》（第 73 号令），主要涉及规范和引导借壳上市活动、完善发行股份购买资产的制度规定和支持并购重组配套融资等三项内容，这在很大程度上缓解了重组公司同步融资的问题。2014 年 10 月证监会为贯彻“放松管制、加强监管”的市场化监管理念，正式发布《上市公司重大资产重组管理办法》（第 108 号令）和《关于修改〈上市公司收购管理办法〉的决定》（第 109 号令），取消多项并购重组行政许可项目审批，标志着监管层市场化改革思路进一步明晰，将有利于形成资本市场对上市公司、中介机构的优胜劣汰机制，有利于促进并购市场规范发展。根据有关数据，从 2013 年起，上市公司并购无论从数量还是交易金额上均呈现大幅增长，以上市公司为主导的资产重组成为资本市场的主旋律，充分体现了上市公司并购的市场化特征。

由此可见，我国上市公司资产重组监管制度从无到有历经了几次重大制度变迁，从其演变来看，总的政策趋势是逐步放松管制，逐渐实现并购重组的市场化。特别是在股权分置改革完成之后，新的监管制度加强了信息中介的自我约束机制，重视投资者的决策参与权，进一步强化了市场信息的资源配置功能，确实有效增进了资本市场优化存量资源配置的效能，市场信息对于企业并购重组决策的影响开始凸显。在此背景下，研究资本市场的股价信息对微观实体决策的影响及资源配置效率成为可能。

2.1.3 全流通背景下重大资产重组的特征

根据前述分析，我国上市公司的重大资产重组在全流通阶段日趋市场化，并呈现出如下特征：

（1）重组动因多元化。在经济结构调整和产业转型升级的背景下，上市公司并购重组的动因更加多元化，虽然仍有上市公司围绕市值管理和提升短期业绩进行财务投资型并购，但以横向整合或业务多元化为目的的产业并购和战略投资型并购渐成主流。

（2）重组终止的概率增多。重大资产重组涉及金额较大，关乎投资者的切身利益，为充分保障投资者利益，减少重大资产重组过程中的内幕交易行为，《上市公司重大资产重组管理办法》（第108号令）要求上市公司在有重组意向上应及时停牌，并规定整个重组过程应包括重组预案公告、股东大会审议和证监会审核三个阶段。这一规定虽然一方面有利于保障投资者的利益，但另一方面也造成并购周期相对较长，重组双方在交易条款[①]上很难取得一致共识，特别是并购标的资产在审计评估后经常会因为种种原因导致重组预案需要“进一步论证”，重组成功的不确定性增大。此外，随着市场化重组的推进，跨行业跨境重组现象日渐增多，重组双方的信息不对称更为严重，双方更难达成一致协议。

（3）投资者参与度更高。前已述及，为减少重组过程中的内幕交易行为，上市公司在有重组意向上应及时停牌，这意味着上市公司在重组预案公告前需经历较长的停牌期，此时投资者无法对该股票进行交易，一旦重组预案公布并复牌时，势必引起投资者和市场更为广泛的关注。

（4）重组形式复杂化。重大资产重组涉及面较广，发生的资产交易形式包括资产收购（包括现金购买资产、发行股份购

① 并购重组的交易条款通常包括交易价格、对价支付方式、业绩承诺与业绩补偿方式、股份锁定期、整合风险控制、配套资金募集及使用计划等方面。

买资产、现金及发行股份购买资产)、资产剥离[①]、资产置换[②]、吸收合并等多种形式。但在实践中，有时两种形式可能同时发生，如在一项重大资产重组行为中，上市公司一方面剥离不良资产给收购方，另一方面从第三方企业购入优质资产，此时既有资产剥离又有资产收购，交易涉及方也会较多，通常很难简单地识别出其中的收购公司和目标公司[③]。

（5）支付方式多样化。监管制度放松和多种融资工具为企业实现并购目标提供了更为丰富的支付手段，特别是自 2006 年开始推行发行股份购买资产以来，重大资产重组中发行新股购买资产现象逐渐增多，股票支付方式比较普遍。

（6）被重组对象多为非上市公司。这有别于国外成熟市场上关于并购重组的相关研究（并购双方多为上市公司），那么，国外的相关理论是否适用于我国的重大资产重组行为呢？这也成为本书的研究意义之一，但同时这也导致本书的研究缺陷，因为非上市公司没有公开的数据，不利于对被重组对象的数据搜集，有关被重组对象的相关信息只能通过重组预案间接获取，从而导致很多信息并不完全。

（7）重大资产重组多属于善意重组，且关联交易现象较多。随着股权分置问题的解决，虽然市场化并购的制度基础已经奠定，但上市公司与其母公司的特殊关联关系依然存在。那么，在关联重组中，重组各方在自我沟通的基础上达成协议后，是否会

---

① 资产剥离多是上市公司将不良资产（一般为亏损资产）剥离出去，有利于企业优化资产结构，减轻企业经营压力，提高盈利能力。

② 资产置换多是将优质资产注入上市公司，同时置换上市公司的不良资产，以改善上市公司的资产结构和经营状况。

③ 为了研究的方便，本书所指的资产剥离仅指单独的重大资产出售行为，资产置换仅包括只发生置换的重组行为，如果同时存在资产剥离和资产收购，或者资产置换和资产收购的行为，本书均将其归为资产收购。

关注市场投资者的所传递的信号并改变投资决策？

由此可见，在全流通背景下，中国上市公司的重大资产重组表现出更多新的特征，特别是在支付方式日渐多样化的趋势下，新的并购手段不断涌现，交易形式日趋复杂，这有别于一般意义上的上市公司并购活动，对这一特殊对象的研究有助于更好地理解中国上市公司的并购重组行为。

2.1.4　全流通背景下重组终止的特征分析

重大资产重组关系到公司未来的发展前景，前期需进行充分尽调、多方沟通达成意向，随后披露经董事会审议的重组预案，其预案进一步经股东大会通过后再递交至证监会审核，期间还有可能收到监管审核机构的重组问询，整个重组周期较长，中间过程烦琐且审核严格，重组成功具有较大的不确定性，重组终止现象的发生亦成为必然。从现阶段来看，上市公司重组终止具有以下特点：

（1）重组终止的现象日益普遍。随着并购市场的火爆，并购重组终止的数量也呈上升趋势。根据 Wind 并购数据库统计，以股权为交易标的的并购从 2012 年 49 例（所有包含股权的支付方式案例），增长到 2014 年的 130 例，年复合增长 38.44%，伴随而来的是并购终止数量的加速上升，从 2012 年的 15 起上升到 2014 年的 58 起，年复合增长率达到 56.96%。另据相关资料，2013 年共有近 120 家上市公司发布了并购重组停止实施和失败的公告[①]，2014 年截至 11 月底已有 80 余家上市公司终止并购[②]。

① 重组成功与否需看大股东实力．http：//gzdaily. dayoo. com/html/2014 - 03/27/content_2579449. html.

② 盘点 2014 年上市公司终止并购案例及终止原因．http：//finance. jrj. com. cn/biz/2015/01/06085718652067. shtml.

（2）重组终止的原因更加多样化。并购重组成功的关键在于重组双方就各项交易条款达成共识，如果重组方案不能满足相关各方的利益，就只能选择终止。重大资产重组涉及交易各方利益格局的重大调整，影响交易条款的因素涉及较多，不仅包括并购标的业绩、发行价格、业务整合、业绩补偿等核心因素，也包括诸如经济环境、行业周期和整个股票市场趋势等外部因素，特别是在市场化重组阶段，政策和市场环境的变化使得预计标的业绩往往存在重大不确定性，使得交易双方在新的交易条件下无法就部分或核心交易条款达成一致，从而不得不终止重组。此外，《上市公司重大资产重组管理办法》明确要求，上市公司发行股份购买资产时，上市公司及其现任董事、高级管理人员不得存在因涉嫌犯罪正被司法机关立案侦查或涉嫌违法违规正被证监会立案调查的情形。显然，不能有遭立案调查的情况是重组推进中不可逾越的一条红线，一旦遭立案调查，终止重组也就成为必然。

（3）主动终止重组的比例逐渐增多。尽管上市公司终止重组的原因呈现多样化，但总结来看可以归为两大原因：由于并购双方原因构成的主观失败原因和由于证监会或国家政策限制导致失败的客观原因。也就是说，重组终止包括主动终止和被动终止两种情况。所谓主动终止是指上市公司在披露重组方案后主动选择的终止行为，包括因未达成共识提前终止，或者鉴于市场波动、认定时机不成熟、上市公司鉴于审核的不确定性提前终止等情况。目前来看，由于并购双方主观原因导致的并购终止占绝大多数。据统计[①]，截至 3 月份，2015 年上市公司发生重组案例 185 起，17 家公司重组终止，其中 11 家公司公告重组失败，3

① 今年以来 17 家公司重组终止 多数公司股价应声大跌．http：//finance. eastmoney. com/news/1349，20150310484511886. html.

家公司重组被证监会暂停审核，1 家公司重组未获股东大会通过，2 家公司重组未获发审委通过。

2.2　理论分析

2.2.1　资本市场效率理论

关于资本市场效率（Market Efficiency），理论界已做出了广泛深入的研究，通常包含有两个层面的含义：一是基于市场层面的信息效率（Informational Efficiency），即虚拟资本价格对信息的反应速度和反应程度；二是对实体经济层面的资源配置效率（Resource Allocation Efficiency），即虚拟资本价格对实体层面资源配置的影响程度。

Fama（1970）在总结前人研究的基础上，提出了有效市场理论（Efficient Market Hypothesis，EMH），认为在有效的资本市场上，股票价格能够充分迅速而且几乎以无偏的方式反映所有可能影响其变动的信息，股票价格总能有效地回归其真实价值。按照该理论，市场有效性描述了证券价格对相关资产价值做出及时反映的程度和状态，若市场有效，证券价格将及时准确反映信息；反之，如果所有信息被充分反映到证券价格中，那么市场将达到有效。按照有效市场假说，在一个完全市场条件下，资本市场比任何个人或者群体在处理信息方面都具有优势，股票价格能通过信号机制引导稀缺的资本实现其最大的回报，从而达到资源的优化配置。因此，当市场有效时，股票价格将反映与公司有关的一切信息，并能够在任何时候提供准确的资源配置信号，优化企业的生产投资决策（Fama and Miller，1972），即强调市场的信息效率与资源配置效率具有一致性。

Dow and Gorton（1997）提出了一个模型，研究指出市场信息效率既不是经济效率的充分条件，也不是必要条件，也就是说，即便股票价格是强有效的，但投资资源的配置也可能是无效的，他们认为股票价格的资本配置效率取决于股价反映的信息质量，只有市场参与者积极参与发掘、研判公司信息，并反映到股价当中，股价才能发挥资本配置效率。Beaver（1988）指出，市场信息效率不包含社会需求性的含义，认为“市场效率越大间接的资本配置效率就会更高”的论断难以成立。

因此，从证券市场和实质经济的关系看，证券市场的资本配置功能不能仅仅通过价格的信息有效性得到完全反映，信息效率是对股市运行效率的一种描述，而配置效率是对股市功能效率的一种刻画，二者既有联系又有区别。在市场有效性的研究中，脱离市场的资源配置效率，片面地追求市场信息效率的提高，不仅框限了理论研究的视野，而且背离了证券市场以优化资源配置效率为终极目标的出发点（游家兴，2008）。

2.2.2 股票价格的资源配置功能[①]

2.2.2.1 股票价格的预期性

股票是一种特殊的商品，它是投资者向公司提供资金的权益合同，是公司的所有权凭证，在利润和资产分配上表现为索取公司对债务还本付息后的剩余收益，即剩余索取权（Residual Claimancy）。因此，与一般商品的价格基础（效用）不同，股票价格是对预期现金流量现值的评估，它反映的不是客观的成本，

① 资源配置功能一般包含宏观和微观两个层面，本书侧重于微观层面，即强调股票价格对企业投资决策质量的影响。

而是人们的预期。那么，这种预期性的信息是怎样形成的呢？

信息不对称是股票市场的显著特征，主要反映在两个层面上：一是公司股东与管理层之间的信息不对称；二是作为大股东的机构投资者与小股东之间的信息不对称。如果把那些不具有信息优势的小股东忽略，那么，股票市场将是一个由机构投资者与公司管理层主导的市场，从而股价的决定也将主要由机构投资者与公司管理层所提供的信息来决定。其中，作为股票供给方的公司管理层提供的主要是关于上市公司股票的项目信息；作为股票需求方的机构投资者所提供的则是关于股票市场的需求信息，它既包括与投资需求有关的投资信息，也包括与交易需求有关的投机信息。市场上的机构投资者愿意支付一定的成本以获取可能产生未来收益的信息，并且基于收集的信息进行加工处理后交易，对于公司管理层而言这些信息可能是未知的，当管理层通过市场中的股票价格来推断这些信息，并利用这些推断进行投资决策时，股价的预期性得以体现（Dow and Gorton，1997）。

2.2.2.2　股价波动的信息构成

一般而言，影响股票价格波动的信息可以划分为三个层次：市场层面、行业层面与公司层面，其中来自公司层面的特质信息被认为是决定股价波动的最主要因素之一（Campbell and Lettau，1999），而股价变化所包含的公司层面信息量的大小，也反映了该公司股票价格波动的独立性高低（陈梦根和毛小元，2007）。根据Roll（1988）的研究成果，与公司层面直接相关的特质信息进入股票价格的途径主要有两种：一种是通过公共信息的发布直接进入，比如企业公布的年度和季度财务报告、并购公告、高管人员更替公告以及各种临时公告等；另一种是通过理性交易者的套利行为将他们搜集和加工的私有信息反映到股价中去，并且只有当公司层面的私有信息有足够的套利空间，投资者才愿意花费资源去搜集并分析公司的特质信息①。因此，尽管企业管理者掌握着公司层面的所有公开和非公开信息，但由于投资者的专业技能和独特才能，使其很可能获得管理者并不完全知晓的关于公司层面的私有信息，如企业产品的市场需求、战略规划以及与其他企业的竞争优势等（Chen，Goldstein and Jiang，2007）。图 2 - 1 对影响股价波动的信息构成进行了描述。

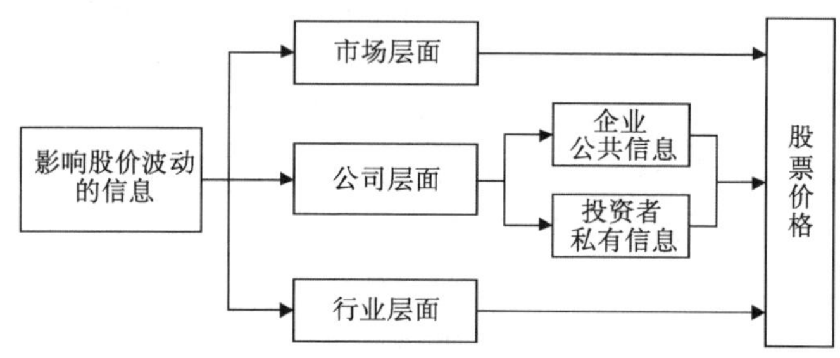

图 2 - 1　影响股价波动的信息构成

2.2.2.3　股价影响企业投资决策的传导机制：信息传递功能

Hayek（1945）强调价格的信息传递功能是市场实现资源配置的核心环节。信息在资本市场和上市公司之间是一个双向流动的过程（Dye and Sridhar，2002），一方面，市场希望能从股价中获知上市公司或者管理层的决策质量，亦即公司层面的信息会影响股价的波动；另一方面，由于股价波动不仅仅只涵盖公司层面的信息（详见图 2 - 1），公司决策层同样希望能从股价中得知市场和行业层面的相关信息。因此，资本市场上股价信息对公司的投资决策将产生影响，并成为公司投资决策的重要信息来源。

Morck，Shleifer and Vishny（1990）从三个方面详细解释了

① 在行为金融学的研究框架下，投资者的非理性行为（如投资者情绪）也会影响股价的波动。

股价信息为何可以影响企业的决策行为：首先，决策者认为股票市场价格包含有用的信息，在制定决策时积极从股价中获取信息；其次，股价信息通过影响企业的资本成本，进而影响企业的投融资决策；最后，股票市场可以通过股价对管理者施加压力，并最终影响管理者的决策行为。Bond，Edmans and Goldstein（2012）综述了资本市场二级市场的股价信息对实体企业真实影响的相关文献，指出二级市场股价不仅仅是企业价值的一个简单影射（Sideshow），相反，它能够为企业决策提供有利的信息。

第3章 文献综述

并购重组是资本市场的永恒主题，其研究一直是学术界的热点之一，学者们形成了丰富的研究成果，本部分遵循“市场反应（预期）—管理层决策（是否终止）—终止后果”的研究框架，主要从并购重组的市场反应、并购终止决策的影响因素以及并购终止的经济后果三个方面对相关文献进行回顾。

3.1 并购重组的市场反应①

并购重组作为企业重要的决策活动，其决策对公司价值的影响一直是该领域研究的重点，并购双方是否从并购中获得收益、什么因

① 并购重组的市场反应是指并购重组事件对市场的影响，是并购绩效的重要衡量指标，相关文献多集中在并购绩效的文献当中，因此，本部分在回顾时侧重从并购绩效的角度对有关文献进行综述。

素影响并购收益的产生，更是并购研究中最关注的两个问题（Bruner，2002）。并购究竟是创造价值还是毁损价值，在理论上存在争议，表 3－1 列示了不同理论对并购公司收益、目标公司收益和合并后综合效益的推断。

表 3－1　　并购绩效的理论推断

理论	并购公司收益	目标公司收益	合并后综合效益
信息信号理论	非负	正	正
协同效应理论	非负	正	正
管理主义理论	损失更大	正	负
自由现金流假说	损失更大	正	负
管理者自负假说	负	正	零
市场错误估值假说	正	负	非正

资料来源：根据威斯通等（2006）和相关文献整理。

根据信息信号和协同效应理论，因为并购能够传递出有利的信号（Signal）或者产生协同效应（Synergy），并购后综合价值将增加，产生正的合并绩效，同时，无论是对并购公司还是目标公司而言，公司收益都不应该为负，否则交易将无法达成；而根据管理主义理论和自由现金流假说，管理者会存在个人私利或自大的机会主义行为，其并购行为会以损坏并购公司的股东利益为代价，而且其损失不能由目标公司的正收益得以弥补，从而导致合并后的整体效益为负；管理者自大假说则认为并购完成后公司的合并收益将为零，因为任何目标公司股东获得的收益仅仅是抵销并购方的过度支付（Berkovich and Narayanan，1993）；根据市场错误定价假说，尽管市场的错误估值能使并购双方达成并购交易，但从长期来看，并购活动并不能给企业带来整合效应，并购公司因过度估值带来的收益最终由目标公司来买单。理论上的争议，也促使了“并购是否创造价值”成为学术界热衷的话题，本书从短期和长期两个方面对相关文献进行简单回顾。

3.1.1 并购重组的短期市场反应①

国外学者 Mandelker（1974）较早地对并购的市场反应进行了研究，发现在相同的风险水平下并购公司的股东可以像其他投资活动一样获得正常的收益，但并购未给并购公司带来显著的超额收益。

Jensen and Ruback（1983）对 1977～1983 年的 13 篇文献的综合研究发现，在短期内，成功的兼并（Mergers）会给目标公司股东带来约 20% 的超额收益率，而成功的收购（Acquisitions）给目标公司的股东带来的收益率则达到 30%，相比较而言，兼并公司股东的平均收益率仅为 4%，收购公司股东的平均收益率则趋向为零。总体来说，并购创造了价值。Andrade，Mitchell and Stafford（2001）进一步将并购样本扩展到 19 世纪 90 年代，以 1973～1998 年发生的 3688 个并购事件为样本，研究发现在［-1，1］的事件窗口期内，目标公司获得了 16% 的累计超额收益率，收购公司的累计超额收益率仅为 -0.7%，联合收益率为 1.8%，说明并购整体上增加了股东财富。Bruner（2002）对 1971～2001 年的 130 篇并购文献进行了综述，结果发现成熟市场上目标公司一般获得了 10%～30% 的累计超额收益率，而并购公司的收益却不明显，且倾向为负，整体联合收益为正。可见，从国外早期的文献来看，并购重组多不能为收购公司带来收

① 并购重组的短期市场反应是指并购重组事件在较短时间内对上市公司股价产生影响，从而为上市公司股东带来超额收益（CAR），是衡量并购重组短期绩效的重要指标。

益，但能为目标公司带来显著的超额收益。

Netter, Stegemoller and Wintoki（2011）放松了并购事件的选择限制，以1992～2009年美国发生的311894个大样本作为研究对象，发现无论并购公司还是目标公司，在［－1，1］的事件窗口期内均获得了显著为正的累计超额收益，但目标公司的收益更显著。该结论与前有文献存在差异，可能的原因在于样本选择的不同。

随着金融危机的发生，也有学者比较了金融危机前后并购重组的短期市场反应。Uygur, Meric and Meric（2014）以2005～2011年美国被收购的目标公司为样本，按照金融危机时点分类进行前后比较，发现相比于金融危机前，危机后目标公司在［－2，2］事件窗口期内累计超额收益率较高，为13.7%，同时研究发现被非美国公司收购的目标公司的累计超额回报率更为显著，达到14.36%。

总的来说，国外的研究基本得出如下结论：在短期内，并购重组给目标公司股东带来了较高的报酬率，收购公司股东的收益不显著甚至为负，联合收益趋向为正。

在我国，陈信元和张田余（1999）以沪市1997年发生的重组公告为样本，首次采用事件研究法检验了事件窗口期［－10，20］的短期市场反应，发现股权转让、资产剥离和资产置换类重组的市场反应在公告日前有上升趋势但不显著，在公告日当天显著大于0，在公告日后市场反应出现下跌趋势；而兼并收购类重组在无论公告日前还是公告日后均未获得显著的累计超额收益。李善民和陈玉罡（2002）对1999～2000年深、沪两市共349起并购事件的短期财富效应进行了实证研究，结果表明收购公司的股东从公告日前第10天开始，直到公告日后第30天，获得的累计超额收益几乎总是为正，股东的财富得到增加，而对目标公司股东财富的影响不显著[①]。徐莉萍等（2005）研究了发生在1996～2000年的控制权转移事件的市场反应，结果发现在［-60，60］时间窗口期中累计非正常回报在统计上是显著的，达到17.06%。杜兴强和聂志萍（2007）对1998～2003年中国上市公司的2128起广义上的并购交易进行了全面分析，实证研究表明在［-30，30］的事件窗内，目标公司的股东可以得到较为显著的财富增长，收购公司的财富增长会在事件宣告后逐步消失殆尽。王培欣和谭雪（2013）以2007～2011年我国第一大股东发生变更的上市公司为样本，采用事件研究法检验控制权转移的市场反应，研究结果表明，全窗口期［-20，20］公司股价变动的累计平均超额收益率为13.549%，以事件日为临界点，呈现出先剧烈后舒缓的增长趋势。可见，国内研究由于重组分类方式的多样化，其结果并未获得完全一致的结论。

国内也有学者通过案例研究分析了并购重组的市场反应。洪锡熙和沈艺峰（2001）对申华实业被收购案进行实证研究，认为在当时的市场条件下二级市场收购并不能给目标公司带来收益。陈信元和李冬平（2000）、刘峰等（2002）则分别对清华同方与鲁颖电子、新潮实业与新牟股份的换股合并案例进行了分析。王海（2007）以联想宣布并购IBMPC业务为案例，考察了联想公司在并购宣告日后［0，4］期间的市场反应，发现联想公司的超额回报率均值为-0.39%，累计超额回报率为-11.702%。王化成等（2009）以丹东化纤（000498）为样本进行案例研究，以首次宣告日为事件日，发现丹东化纤在重组过

① 李善民和陈玉罡（2002）将兼并收购类重组的上市公司作为收购公司样本，将发生股权转让类重组和资产剥离类重组的上市公司作为目标公司样本。由于资产置换有交叉现象，未列入研究样本中。

程中存在着信息提前泄露的情况，从宣告日前第 10 个交易日开始股票的累积超额收益率开始上升，在［－10，2］区间内，累积超额收益率达到了 22%。

由此可见，尽管国内外学者的研究结论不尽一致，其原因可能是样本选择和窗口期以及分类方式的差异，但总体上来说，目标公司的短期市场反应要显著强于并购公司，并购公司的超额收益不显著或甚至为负，说明短期来看，并购重组更有利于目标公司的增值。

3.1.2　并购重组的长期市场反应①

前已述及，短期内并购重组并未给并购公司带来显著的超额收益，那么从长期来看，并购重组对公司价值的影响如何呢?②

Healy, Palepuand Ruback（1992）研究了 1979～1984 年美国最大的 50 笔兼并案例，他们利用年度报告、兼并计划书、股东大会声明和分析师报告中的会计数据，通过比较预计的并购前后 5 年的合并公司的绩效，发现合并公司的现金流增加，且与并购公告时的短期市场反应显著正相关，并得出了公告时的市场反应能够预测并购后经营绩效的结论。Agrawal and Jaffe（2000）对 1974～1998 年研究并购长期绩效的 22 篇文献进行了综述，发现绝大多数文献支持并购后的长期市场绩效为负或者显著不为正的结论。Mitchell and Stafford（2000）以 1961～1993 年的兼并事件为样本，研究了兼并后的长期绩效，发现无论采用普通平均法还

① 长期市场反应是并购重组的长期市场绩效，是指并购重组事件对市场产生的长期影响，可用 BHAR 测度。

② 从长期来看，并购重组产生的绩效影响可以通过市场绩效和经营绩效两个维度进行考察，为更好地理解并购重组对公司长期绩效的影响，对这部分文献的回顾包含了长期经营绩效。

是加权平均法，3 年期的 BHAR 都显著为负。Andrade，Mitchell and Stafford（2001）的研究发现，相对于行业里同类公司来讲，合并公司的经营业绩得到了改善，且兼并后的现金流绩效改善与并购公告时的联合股票收益为正的结果相一致。Bruner（2002）在综述中发现收购公司的长期财务业绩会随着时间推移呈现出递减趋势。Moeller，Schlingemann and Stulz（2005）通过对美国 1980~2001 年最大规模的并购的研究，发现在 20 世纪 80 年代的并购给并购公司股东造成了 240 亿美元的损失。Dutta and Jog（2009）利用加拿大的 1993~2002 年的 1300 个样本，考察了并购的长期市场绩效，发现无论是市场绩效还是经营绩效，并购公司都获得显著为正的长期回报。可见，国外的大多数经验证据表明，从长期来看，并购公司并不能从并购中获取显著的超额回报，这种现象也被称为“并购绩效之谜”（Agrawal and Jaffe，2000）。

在我国，由于股市发育时间不长，信息的完整性、分布均匀性和时效性与发达国家还存在着较大差距，中国股市已达弱式有效的结论被质疑（吴世农，1996），学者们多侧重根据经营业绩的变化来考察企业并购重组的长期绩效。

原红旗和吴星宇（1998）对 1997 年所有重组公司重组前后的四个财务指标（每股盈余、净资产收益率、投资收益/总利润、资产负债率）进行了比较，结果发现重组当年公司的每股盈余、净资产收益率和投资收益占总利润的比例较重组前一年有所上升，而公司的资产负债率有所下降，并指出财务指标变动的幅度与公司重组的方式、重组方的关联关系等相关。张德平（2002）以 1996~2000 年发生的并购事件为样本，选取反映公司盈利能力、成长性、资产管理能力、偿债能力、股本扩张能力、主营业务鲜明状况等六个方面的 19 个财务指标，通过主成分分析法分析了上市公司并购前后经营业绩的变化状况，发现有60.38%的公司经营业绩得到了改善。李心丹等（2003）首次利用数据包络分析方法（DEA）计算出公司并购前后的绩效稳定性指标，并系统分析了并购的长期绩效，研究发现并购活动总体上提升了上市公司的经营管理效率，同时并购后的几年内持续保持着绩效稳步提高的趋势。张新（2003）全面考察了1993～2002年中国上市公司的1216个并购重组事件，结果表明股权收购与资产重组类事件经营业绩在短期内有明显好转，但到第2年和第3年后绩效改善缺乏持续性。李善民等（2004a）采用经营现金流量总资产收益率来检验上市公司并购后的长期绩效，结果发现并购公司当年绩效得到提高，但其后绩效下降，绩效下降的程度甚至抵消之前的绩效提高。李善民等（2004b）采用主成分分析法对1997～1999年的重组上市公司的长期绩效进行了对比，认为除了收缩类公司的经营绩效在重组两年后得到显著改善外，其他类型的并购并未给上市公司带来显著的绩效改善。从这些文献的研究结论可以看到，并购重组对企业经营绩效的改善具有一定的作用。

随着我国股票市场的逐步完善，也有学者开始依据市场指标对企业并购的长期绩效进行分析。李善民和朱滔（2005）首次通过计算连续持有超常收益（Buy and Hold Abnormal Return，BHAR），对我国沪深两市的1672起并购事件的长期市场绩效进行了考察，发现大多数收购公司股东在并购后1～3年内遭受了显著的财富损失。徐莉萍等（2005b）以1996～2000年发生的控制权转移事件为研究对象，考察了控制权转移的长期市场回报，结果表明正的股票回报效应在转移发生之后的三年内仍然存在，而且有偿转让给民营企业的样本表现最佳。宋希亮等（2008）以1998～2007年沪、深两市发生换股并购的上市公司为样本，研究发现长期来看大多数并购公司股东遭受了显著的财富损失。

可见，由于并购样本的不同和指标选择的差异，我国证券市场上并购行为所带来的长期绩效并未得到完全一致的结论。

3.1.3 并购重组市场反应的影响因素

3.1.3.1 公司特征和并购交易特征

对于并购重组绩效影响因素的研究，学者们多是采用比较研究法，通过对公司层面和并购交易层面的特征对样本数据进行分组和比较分析，以判断是否影响短期和长期绩效。常见的分类指标包括：

（1）支付方式——现金支付或股票支付。Travlos（1987）在研究中发现股票支付方式与并购的市场反应呈现负的相关关系，并用信号假设（Myers andMajluf，1984）予以解释，即并购公司采用股票支付方式传递了股价被高估的信号，后来大量的研究支持了这一结论（Huang and Walking，1987；Franks et al.，1991；Andrade et al.，2001；Moeller et al.，2004；Savor，2009等）。但 Goergen and Renneboog（2004）利用欧洲的数据却提供了相反的结论，Slovin et al.（2005）在资产交易中的样本中也发现，与现金支付相比，收购公司通过股票支付来购买资产的短期及长期绩效较显著。在股权分置改革前，我国的资产重组多以现金支付方式为主，陈涛和李善民（2012）以股改后的并购事件为研究对象，发现股票支付的收购公司所取得的超常收益显著为正，且显著大于现金支付所获得的超常收益。杨志海和赵立彬（2012）利用中国 A 股上市公司 2008～2010 年在国内并购的数据，研究了支付方式对并购长期绩效的影响，发现与股票支付相比，现金支付会导致并购绩效下降。

（2）并购对象——公开上市或非公开上市。以 Fuller et al.（2002）、Masulis et al.（2007）、McNichols et al.（2014）等为代表的学者研究发现，与收购上市公司相比较，当目标公司是非上市公司时，收购公司可以获得显著的正超常收益。我国学者潘红波和余明桂（2008，2014）则认为上市公司相比于非上市公司，会计信息质量较高，收购公司股东和外部董事对并购协同效应和并购支付价格的估计更准确，从而能够有效地避免自利或自大管理者的机会主义并购行为，由此可能导致更好的市场反应，并利用我国2003～2007年的上市公司并购样本进行了验证，同时作者也发现该现象只存在于民营企业。

（3）并购模式——横向、纵向或混合并购。Elgers and Clark（1980）研究发现混合并购的公司收益要高于非混合并购。Kusewitt（1985）研究表明并购公司的资产收益率或市场回报与产业相关性正相关。Agrawal et al.（1992）的实证研究也发现尽管多元化并购和同行业并购的长期超常收益均为负，但是多元化并购公司的损失显著小于同行业并购的公司，他们将这归因于同行业并购多处于绩效较差的行业。Lance et al.（1998）认为行业相关性兼并比混合兼并有更大的协同效应。国内学者高见和陈歆玮（2000）以1997年和1998年沪深两市发生资产重组事件为样本，发现行业相关的资产重组的净资产收益率要高于非行业相关的净资产收益率。冯根福和吴林江（2001）发现混合并购的长期超额收益先上升后下降，横向并购逐年上升，而纵向并购在并购第二年后即呈快速下降趋势。李善民和朱滔（2006）以1998～2002年的251起多元化并购事件为样本，实证研究也发现多元化并购并未给公司带来长期收益，在并购后1～3年内财富损失达到6.5%～9.6%。

（4）并购方式——收购兼并、置换或剥离。Mulherin and

Boone（2000）对1990～1999年59个行业的1305个公司收购和剥离的样本进行了研究，结果发现收购和资产剥离都产生正的超额收益，且收购行为的收益更高。国内学者陈信元和张田余（1999）、陆国庆（2000）、李心丹等（2003）将资产重组分为股权转让、收购兼并、资产剥离、资产置换四类，以我国早期并购重组事件为样本研究了不同类型的市场反应状况。李善民等（2004）将重组分为扩张类、收缩类、控制权转移类和战略转移类四种情况，研究发现从长期来看，扩张类重组的绩效得到显著改善，而收缩类重组公司的绩效在重组两年后有显著的提高。杜兴强和聂志萍（2007）将并购类型分为股权收购、资产收购、资产剥离、股权转让、置换五大类，实证发现股权收购活动和股权转让活动最为市场认可，其产生的短期财富效应具有较好的持续性和显著性，资产剥离活动虽然得到市场认可，但是变化平稳，产生的短期财富效应远低于股权收购活动和股权转让活动，且不太显著。

（5）公司规模。Roll（1986）研究指出公司规模越大管理者可能越自负，其并购绩效可能越差。但是Franks and Harris（1989）持有不同的观点，他认为规模大的公司可能会有更高的增长机会。Moeller et al.（2004）实证研究发现小规模公司的财富效应要大于大规模公司的财富效应。Moeller et al.（2005）进一步通过研究美国1980～2001年大规模并购，发现在20世纪80年代的并购给并购公司股东造成了240亿美元的损失，证实了公司规模确实与市场反应呈现显著的负相关关系。

（6）股权结构。Morck et al.（1988）研究发现股权集中的公司与并购绩效成正相关关系。李善民和陈玉罡（2002）按照国家股比重最大、法人股比重最大和A股流通股比重最大将收购公司和目标公司分别分成三类，发现股权结构对收购公司的财富效应有一定影响，对目标公司的财富效应影响不大。杜兴强和聂志萍（2007）进一步证明国有股和法人股比重最大的样本要优于流通股比重最大的样本。李善民和朱滔（2005b）考察了股权种类结构对收购公司长期绩效的影响，发现国有股比例对收购公司并购后 1 年内的长期市场绩效影响显著，但随后影响逐渐消失；法人股比例对并购长期绩效没有显著影响，流通股比例与长期绩效间显著为负。姚燕等（2007）分析了主并公司股权结构与事件前、事件后和事件窗口期 CAR 的关系，发现主并公司是否为民营对事件前窗口的市场反应有正向影响、主并公司是否为集团对事件期市场反应有影响但并不显著、主并公司取得的股权比例对事件后以及整个事件窗口期的市场反应有正向影响。

（7）公司市值。国外大量研究证明公司并购前的市场价值（P/E 或者 MTB）与并购绩效显著负相关（Dong et al.，2003；Rau and Vermaelen，1998；Fama and French，1992；Morck et al.，1990），可能的原因是并购公司的价值被高估，极易导致管理者实施较差的并购（Roll，1986）。李善民和朱滔（2005a）以 1999～2002 年沪深两市的 56 起并购事件为样本，实证分析了上市公司并购前的 Tobin's Q 值对并购事件的短期市场反应的影响，结果发现 Tobin's Q 值大的公司并购绩效显著低于 Tobin's Q 值小的公司。

国内学者还分析了影响我国并购重组绩效的特殊因素，如买壳上市（高见和陈歆玮，2000；顾勇和吴冲锋，2002，张俊瑞等，2002）、国有股划拨（顾勇和吴冲锋，2002；张德平，2002；徐莉萍等，2005）、获取配股资格（李增泉等，2005）、政府关联（张新，2003；李增泉等，2005；李善民和朱滔，2005）、地方投资者保护（唐建新和陈冬，2010）等。

3.1.3.2 行为特征

随着行为金融学的兴起，也有学者开始从行为的角度对重组绩效进行解释，主要包括管理者行为和投资者行为，分别以 Roll（1986）和 Shleifer and Vishny（2003）为代表。Roll（1986）基于“投资者理性——管理者非理性”的框架，认为在一个有效的市场上，股价是真实价值的正确反映，但由于管理者对未来价值创造或协同效应的过度自信，在并购决策时给予了目标公司更高的溢价，为目标公司股东带来了超额的收益，进而有损并购公司股东的收益。而 Shleifer and Vishny（2003）则是基于“投资者非理性——管理者理性”的框架，提出了股票市场驱动性并购的模型，该模型的重要前提是投资者非理性导致股价会偏离真实价值。

两种不同的逻辑催生了并购市场反应研究的行为学解释。Doukas and Petmezas（2007）用英国的数据检验了管理者过度自信与并购短期超额报酬的关系，发现二者负相关。Malmendier and Tate（2008）以美国 1980 ~ 1994 年 477 家福布斯大型公司为样本，研究发现过度自信的管理者更可能发生并购行为，而且相比于非过度自信的管理者，过度自信管理者并购所带来的市场反应显著为负，为“胜者之诅”（Winner Curse）现象提供经验解释。Bouwman, Fuller and Nain（2009）研究发现，相比于股市衰退期，股市繁荣时期的并购公告的短期市场反应较高、长期绩效表现较差，作者从管理者的行为特征出发考察了这一现象的三种可能解释，分别是管理者的“羊群效应”行为（Herding Behavior）、过度支付（Overpay）、市场择时（Market Timing），实证结果支持“羊群效应”行为。我国学者李善民和朱滔（2005a）研究发现并购前管理者能力好的收购公司，其并购绩效更差，支持了管理者自大假说。吴超鹏等（2008）以 1997 ~ 2005 年发生的

1317 起上市公司连续并购事件为样本，考察了管理者过度自信和学习行为对连续并购绩效影响，发现首次并购成功的公司其后各次并购的绩效将呈较显著的下降趋势，作者将这归因于管理者可能因首次并购成功而过度自信。

Alexandridis et al.（2008）则从投资者的异质信念角度解释了并购公告的市场反应。Henock and Amy（2011）基于投资者有限注意力，研究发现较大规模的公司并购更能吸引投资者注意产生较高的超额收益，且“周五效应”显著。我国学者高见和陈歆玮（2000）在研究中发现，上半年的资产重组在消息公布后一天，股价平均上扬，呈现较明显“资产重组股价短期波动季度效应”。赖步连等（2006）从并购决策前投资者的异质预期的角度解释了收购公司股东的财富变化。王擎（2009）实证研究发现反映投资者非理性行为的市场换手率、封闭式基金折价指数和个股超额换手率与公司并购后超额收益存在显著负相关关系。

3.2　并购终止决策的影响因素

并购重组作为企业的重要投资决策，能否顺利执行涉及很多方面，一旦出现不利因素，并购终止则可能随时发生。从现有文献来看，研究影响并购终止因素的文献并不多，目前主要从资本市场、并购交易特征以及并购双方的公司治理三个方面进行了解释。

3.2.1　资本市场方面

3.2.1.1　资本市场股价信息的资源配置功能

信息处理与资本配置是资本市场的两大基本职能，大量经验研究证明资本市场的股价信息有利于引导资本的有效配置、优化企业的投资决策（Subrahmanyam and Titman, 1999; Wurgler, 2000; Chen et al., 2012; Bond et al., 2012; 游家兴，2008；杨继伟，2012；于丽峰等，2014），这一作用机制也被称为资本市场对实体经济的反馈效应（Bond et al., 2012; 于丽峰等，2014）。Morck, Shleifer and Vishny（1990）从三个方面解释了股价信息为何可以影响企业的决策行为：首先，决策者认为股票市场价格包含有用的信息，在制定决策时积极从股价中获取信息；其次，股价信息通过影响企业的资本成本，进而影响企业的投融资决策；最后，股票市场可以通过股价对管理者施加压力，并最终影响管理者的决策行为。Bond, Edmans and Goldstein（2012）综述了资本市场二级市场的股价信息对实体企业真实影响的相关文献，作者指出二级市场股价不仅仅是企业价值的一个简单影射，相反，它能够为企业决策提供有利的信息。因此，资本市场股价信息具有资源配置功能，并成为公司投资决策的重要信息来源。

3.2.1.2 股价信息对企业并购终止决策的影响

具体在并购终止决策中，Jennings and Mazzeo（1991）首次研究了并购公告后股价信息对企业终止决策的影响，作者指出并购方案公告后资本市场的股价波动是有价值的信息资源，管理者将根据自己的私有信息和市场的公共信息进行综合权衡后做出决策，作者还指出当管理者过度自信时会加大对私有信息的权重，而忽视市场投资者的公共信息。Luo（2005）认为企业并购决策往往由公司少数高管和财务顾问制定，但包括机构投资者和分析师等的市场总体很可能拥有更多的信息优势，他们了解有关并购交易的国内外宏观环境和行业前景的关键信息，或者他们有更高超的分析能力，能够发现管理者判断错误和遗漏的地方。作者通过构建模型证明了并购公告的市场反应与企业随后的并购决策（是否终止）之间的关系，并实证发现并购方案公告后的股价异常下跌是导致并购自行终止的重要影响因素，首次用经验证据证明了并购公告后的市场信息影响了管理者的并购决策。

随后，众多学者验证了并购公告的市场反应与并购终止之间的显著相关性，并进一步从治理结构、高管权力、机构投资者以及媒体监督等方面对这一相关性进行了详细分析。

Kau，Linck and Rubin（2008）以美国 1990～2003 年的 4228 个并购交易为样本，分析了管理者的决策是否会受到市场反应的影响，结果发现，并购公告时的市场反应与最终是否终止之间存在显著的相关关系，市场反应越差，并购终止的可能性也越大，再次证明了公司的并购决策会考虑并购公告的市场反应状况。Masulis，Wang and Xie（2009）基于控制权与现金流权分离的视角，以美国 1995～2003 年发生的 410 家完成并购和 23 家终止并购的公司为样本，考察了两权分离是否会影响管理者的决策行为，作者在研究中发现，管理者的并购终止决策与并购公告的市场反应显著负相关，但两权分离会减弱这种关系，即两权分离度越大，管理者从市场获取信息的可能性也越低。

Chikh and Filbien（2011）以法国 2000～2005 年发生的 200 个并购事件为样本，从高管权力的角度分析了管理者的并购终止决策在多大程度上会受公告时市场反应的影响，研究结果发现，并购公告时的市场反应能够预测并购终止的概率，但权力越大的高管越不可能终止并购。Gong and Guo（2014）以美国 1996～2009 年的 2160 个并购事件为样本，系统地分析了并购中管理者权力的影响，并发现并购公告时负的市场反应显著增强了并购被终止的可能性，同时也发现管理者的权力会进一步强化这种影响，即管理者的权力越大，越有可能从市场获取信息。这样的结论与 Chikh and Filbien（2011）的结论不完全一致，作者的解释是：当管理者权力足够大时，管理者因为能从控制权上获得更多的私人收益，故会尽量避免事前不确定性较大的并购项目。

Chen, Harford and Li（2007）基于成本利益的框架，考察了机构投资者是否会影响管理者的决策，并结合美国 1984～2001 年发生的 2150 个并购公告样本，分析了机构投资者是否会干涉并购质量较差（用市场反应衡量）的并购事件，结果发现并购公告市场反应较差的公司更有可能终止并购，而长期稳定的机构投资者会加强这种关系，间接验证了管理者在并购决策时会从市场获取信息。

Liu and McConnell（2013）根据美国 1990～2010 年的 636 个首次公告时市场反应为负的并购事件，从媒体监督的角度分析了并购决策中管理者从市场获取信息的原因。他们认为管理者因担心自身经济上和声誉上等个人利益的损失，当并购公告市场反应较差时，管理者更愿意选择终止并购以弥补自己的损失。研究表明，在所有市场反应为负的并购样本中，有 19% 的公司选择了终止并购，证明了管理者的并购终止决策与首次公告时的市场反应具有显著相关性。

3.2.2 交易特征方面

在并购交易特征方面，现有文献主要从是否敌意并购、并购支付方式、是否跨境并购以及是否有约束条款等方面进行了分析。

敌意并购作为企业控制权市场的基本工具，是否属于敌意并购应该是影响并购成功的关键因素。一旦属于敌意并购，目标公司的管理层会采取更多防御措施以阻止被并购（Wong and O' Sullivan，2001），进而使得并购成功的可能性大大降低（Morck et al.，1989；Sokolyk，2011）。

支付方式的选择是并购决策中重要的一环（Shleifer and Vishny，2003；Faccio and Masulis，2005），选择何种支付方式对并购能否成功具有较大的影响。股票支付由于其价值具有不确定性，增加了并购双方达成一致协议的难度，并购终止的可能性更大，而现金并购会减少这种不确定性，进而更容易获得成功（Ang and Cheng，2006）。

随着国际竞争的日益加剧，跨境并购在并购市场的比重越来越大，但由于跨境并购的信息不对称程度更高、并购交易成本更大以及存在政府管制、关税等因素的影响（Serdar Dinc and Erel，2011），当属于跨境并购时，并购终止的可能性更大。

此外，在签订并购协议时，为了防止并购双方事后违约，一般在并购协议中会注明相关约束条款，如股票锁定期（Coates and Subramanian，2000）或者终止补偿费（Bates and Lemmon，2003）等，这些约束条款会大大降低终止发生的概率。

3.2.3　公司治理方面

并购重组是并购双方资产整合和利益权衡的过程，更是双方管理层权力博弈的过程，能否成功在很大程度上取决于并购双方的内部治理结构，特别是目标公司的治理结构。O'Sullivan and Wong（1998）在一份关于英国并购的研究中发现，1989～1995年的并购有26%因为目标公司管理层的拒绝而宣告失败，而且目标公司的董事会独立性越强，并购被阻止的可能性越大。Cotter et al.（1997）利用美国的数据也得出了与上述研究相似的结论，发现董事会成员越多、独立董事比例越大，并购越有可能被终止。

可见，目前有关并购终止的文献主要集中于从资本市场股价信息的资源配置功能出发，考虑预案公告时的市场反应对并购终止决策的影响。而且上述文献多是利用国外数据进行的经验证据，国内研究在这方面较少涉及，可能的原因是国内并购市场并非一个完全的市场化行为，市场的作用被质疑，同时相关数据的获取也较难。但随着我国市场化程度的不断增强，分析市场股价信息对企业并购决策的影响也逐步具备条件。

3.3 并购终止决策的经济后果

并购终止意味着企业管理者放弃精心策划的重组计划，国外众多学者发现并购终止会给股东带来短期财富的大量损失。

Jensen and Ruback（1983）在对1977～1983年的13篇文献的综合研究时发现，不成功的并购行为一般会给股东造成显著的财富损失，具体而言，要约收购不成功时，要约方的短期财富损失为－1%，目标公司的财富损失为－3%，；兼并不成功时，兼并方的短期财富损失为－5%，而目标公司的财富损失依然为－3%。但是对于代理权争夺类的并购事件却有例外，如果代理权争夺失败，被争夺的上市公司的短期市场回报将会达到8%。Davidson，Dutia and Cheng（1989）以美国1976～1985年的163个并购终止事件为样本，考察了终止并购时目标公司的短期市场反应，发现不论是并购方还是目标方宣布并购终止，未并购成功的目标公司的股价都会回落到并购公告前的水平，目标公司股东在并购终止时财富损失严重。Chang and Suk（1998）研究了接管终止时接管方的短期市场反应，结果发现：如果接管终止是由接管公司自己做出，市场反应将因接管支付方式的不同而存在差异，当采用股票支付时，接管终止的短期市场反应为正，而现金支付方式下的接管终止则带来负的市场反应；如果接管终止是由目标公司做出，两种支付方式没有显著的区别，均为负的市场反应；同时作者也发现终止接管时的市场反应与公司的自由现金流量正相关，支持自由现金流假说。Safiedeine and Titman（1999）以 1982～1991 年 573 个接管不成功的事件为样本，考察了目标公司在终止接管时的短期财富效应，发现目标公司股东的短期回报率为 -5.14%。Wong and O' Sullivan（2001）对终止接管的原因和后果进行了较为细致的分析，对有关接管终止后果的研究文献进行了综述，并发现无论是英国还是美国的研究基本都支持接管终止时市场反应为负的结论。Cole et al.（2006）对发生在 1992～2001 年美国的 220 个并购终止样本进行了研究，结果发现：大多数情况下，并购公告的市场反应在并购终止时发生反转，即并购公告的市场反应较好，终止时的市场反应则会较差，反之亦然；并购方和目标方的反转效应具有显著的差异。Tang（2008）根据一份手工整理的数据分析了并购终止时的短期财富效应，发现并购公司终止并购时的市场反应因被并购对象不同而存在差异：当被并购对象为非公开上市公司或者子公司时，收购公司平均获得了正的回报；而当被并购对象为上市公司时，终止并购会带来显著的负的市场反应。Boubakri，Chazi and Khallaf（2010）以发生在 2000～2007 年的 272 个终止并购事件为样本，分别考察了目标公司在并购公告和并购终止时的市场反应，结果表明目标公司在并购公告时市场反应多为正、终止并购时多为负。但同时作者也发现，与并购公告时正的市场反应相比，终止时负的市场反应并未完全发生反转。Madura and Ngo（2012）基于信息不对称的视角，研究了非公开上市的目标公司对并购公司终止并购时市场反应的影响程度。实证结果表明，当目标公司为非上市公司时，并购公司在终止并购时的市场反应显著为负。

Liu and McConnell (2013) 在研究中考察了对于并购公告时市场反应较低的公司而言，并购终止决策是否会带来市场的正向反应，结果发现企业并购公告时市场反应越差，终止并购时的市场反应越好，验证了持有公司股票的管理者在终止决策中可以在一定程度上弥补并购公告时所造成的财富损失。

国内学者关于并购终止的研究并不多见，陈涛和李善民(2012) 在研究中对 56 个并购终止样本的短期市场反应进行了分析，发现收购公司终止公告期间的财富效应显著为负，在[-5, 5] 天的窗口期内 CAR 值为 -1.17%，并且采用股票支付时并购失败的负效应更为明显，为 -1.78%。

3.4 文献评述与总结

本章根据全书的研究需要，对包括并购重组的市场反应、并购终止决策的影响因素以及并购终止决策的后果等三方面的文献进行了系统回顾。

通过对并购重组市场反应的文献回顾，发现国内外关于并购重组市场反应的研究已相当丰富，这为本书的相关研究打下良好的基础。同时也发现，我国关于重组市场反应的文献多是以股权分置改革完成之前的重组事件为样本，而且也没有单独针对我国特殊重组事项——重大资产重组事件为样本进行研究的相关文献。而股权分置改革的完成标志着我国资本市场的重大制度性变革，特别是重大资产重组事件又具备与普通并购不同的交易特征，因此，研究全流通背景下的重大资产重组的短期市场反应仍能为现有文献提供有益的补充。

信息在资本市场和上市公司之间的流动应该是双向的 (Dye

and Sridhar, 2002），并购作为企业的重要投资活动，决策者在进行并购终止决策时会关心资本市场的股价信息吗？通过梳理股价信息对企业并购终止决策影响的相关文献，发现国外学者已关注到管理者在并购决策中会从市场获取信息（即管理者倾听市场声音）这一现象，特别是针对并购公告后市场反应对管理者的并购决策（是否终止）的影响，国外众多研究成果证明当并购公告时市场反应较差时，企业管理者更有可能终止并购。相比之下，国内在这方面的文献比较欠缺，无论是并购前还是并购后的决策，都鲜有学者从市场信息的角度进行研究，可能的原因是我国资本市场发展较晚，且长期以来散户起着主导作用，股价信息对公司决策的影响和作用仍然存疑。重大资产重组作为我国上市公司重要的并购重组形式，在国家转型升级的背景下正愈演愈烈，与此同时，重组终止的情况也日渐增多，这为利用中国数据对国外的研究成果进行验证提供了较好的素材。本书通过研究重大资产重组终止与预案公告的市场反应之间的关系，一方面可以弥补国内现有并购重组研究和股价信息研究中的不足，另一方面也可以提供新兴市场的经验证据。

在回顾并购重组终止决策的后果的相关文献时，发现国内学者较少对这一现象进行研究，可能的原因是我国重组终止是近几年才逐渐增多，以往的相关披露制度也相对欠缺，导致重组终止的数据样本较难获取。此外，也发现国外研究多集中在并购终止的短期后果，鲜有学者结合并购公告时的市场预期考察管理者倾听市场声音后的长期后果。

鉴于此，本书将立足中国重大资产重组事件，首先较系统地考察全流通背景下重大资产重组事件的短期市场反应及影响因素；然后分析预案公告时的市场反应对企业管理层终止决策的影响，以验证我国重大资产重组中管理者是否存在倾听市场声音的行为；最后通过对管理层终止决策的短期和长期后果的分析，以进一步验证我国资本市场的股价信息（用市场反应衡量）能否为企业决策者传递有价值的信息。通过上述研究，本书将为已有文献提供有价值的补充，具备一定的理论研究意义。

第4章 重大资产重组的短期市场反应

证券市场是一个信息流动的市场，市场有效与信息披露之间存在着相辅相成的辩证关系。一方面，市场有效的核心在于公平的信息披露，上市公司的信息披露越充分、越及时，现实和潜在投资者就越能充分地反映各类信息，市场的定价效率越高，相应的市场竞争就越公平，最终资本的配置效率也就越高；另一方面，如果市场是充分有效的，现实和潜在投资者对信息的反应就不会存在过度反应（Over-reaction）或反应不足（Under-reaction）。

重大资产重组一直是我国资本市场内幕交易的“温床”。为充分保障投资者利益，打击内幕交易和市场操纵行为，2008 年出台的《上市公司重大资产重组管理办法》强化了重组信息披露的及时性和公平性，且明确规定：上市公司预计筹划中的重大资产重组事项难以保密或者已经泄露的，应当及时向证券交易所申请停牌，待公告经董事会表决通过的重组预案时方可复牌交易。那么，在新的政策规定下，投资者在重大资产重组预案公告时的短期市场反应如何？重组信息存在提前泄露吗？这类特殊并购事件的市场反应主要受哪些因素影响？此外，“重组股”一直是我国资本市场的重要炒作题材，那么，在新的停复牌机制下，投资者在经历较长时间的停牌等待后，其市场反应是否存在过度？如果反应过度，其股价信息是否值得企业决策者关注？本章将对上述这一系列问题进行细致分析，通过本章的研究，将较清楚地了解投资者在重大资产重组预案公告时的短期市场反应状况，以为后续章节的进一步分析奠定基础。

4.1 短期市场反应的测算

4.1.1 测算方法：事件研究法①

市场反应是指资本市场对于上市公司某一行为（或事件）所传递信号做出的反应，从短期来看它体现为投资者对某一行为的市场预期。对于短期市场反应的测度，学术界多采用事件研究法（Event Study），该方法自 Brown（1968）首次使用以来，已成为现代金融学的经典研究方法。

事件研究法通过计算某事件发生日前后某段时间（即事件窗口期）内样本公司实际收益率（R）与股票的预计收益率（ER）之间的差额，来反映投资者对某事件的反应程度。通常计算的指标有超额收益率（Abnormal Return，AR）和累计超额收

① 事件研究法的更具体内容（包括相应的统计检验）参见 Campbell，Lo & MacKinlay（1997）。

益率（Cumulative Average Abnormal Return，CAR）。超额收益率（AR）的基本公式如下：

$$AR = R - ER \tag{4-1}$$

对于累计超额收益率，首先需通过式（4-1）估算出事件窗口期内研究样本中所有证券 i 在第 t 日的超额收益率 $AR_{i,t}$，最后根据事件窗口期，计算所有样本的平均的累计超额收益率，其公式如下：

$$CAR(T_1, T_2) = \frac{1}{N}\sum_{i=1}^{N}\sum_{t=T_1}^{T_2} AR_{i,t} \tag{4-2}$$

其中：N 为研究样本的观测值数量；

T_1 和 T_2 为事件窗口起止天数；

$AR_{i,t}$ 为公司 i 第 t 日的超额收益。

显然，对于超额收益率和累计超额收益率的计算，其关键是设计和选择计算预计收益率的测算模型。Campbell，Lo and MacKinlay（1997）认为，可用于剔除市场影响来计算预计收益率的模型主要分为两大类：经济性模型和统计性模型。针对证券市场的交易特征以及价格的统计性特征，目前学术界广泛使用的是三种常见的基础性模型，分别为：市场调整法（Market - Adjusted Method）、市场模型法（Market Model Method）和均值调整法（Mean - Adjusted Method）。

市场调整法是假设市场指数的日回报率是每只股票当天的预计收益率，日超额收益率则为样本公司的实际日回报率减去当日股票市场指数的回报率，即：

$$AR_{i,t} = R_{i,t} - R_{m,t} \tag{4-3}$$

其中：$R_{i,t}$ 为公司 i 第 t 日的实际收益率；

$R_{m,t}$ 为公司 i 所在股票市场第 t 日的市场回报率。

市场模型法则是采用市场模型估算预计收益率，其思路大致是：首先确定一个“清洁期”（不受事件影响的时期）作为估计窗口（Estimation Window），该估计窗口的选择可以是事件窗口期（Event Window）前，也可以是事件窗口期后，但不能包含事件窗口期；然后在此期间利用市场模型估计出样本公司的 α 值和 β 值；最后根据估计出来的系数预计样本公司在事件窗口期的日回报率，并以此作为预计收益率。进一步，采用如下公式估算超额收益率：

$$AR_{i,t} = R_{i,t} - (\alpha_i + \beta_i R_{m,t}) \quad (4-4)$$

均值调整法的思路类似于市场调整法，不同之处在于其预计收益率采用的是样本公司某"清洁期"的平均收益率而非市场回报率，其"清洁期"的确定方法与市场模型法中的一致，具体公式如下：

$$AR_{i,t} = R_{i,t} - \overline{R_{i,T}} \quad (4-5)$$

其中：$\overline{R_{i,T}}$为公司 i 在估计期 T 的平均收益率。

上述三种方法中，市场模型法在国外研究中运用较广，原因在于该方法考虑了与市场相关的风险因素和平均收益，但 Schwert（1996）则认为在并购中采用市场模型法估计的预计收益并不是一个很好的度量方法。我国学者陈信元和张田余（1999）首次将事件研究法应用于并购重组的绩效研究中，并采用市场模型法对短期市场反应进行测度。高见和陈歆玮（2001）在计算并购重组事件的短期市场反应时则采用了市场调整法。陈汉文和陈向民（2002）利用模拟抽样的方法对上述三种方法在我国证券市场上的应用进行了综合讨论，研究发现：如果特定证券的价格反应模型与市场组合的反应模式具有很高相关性，市场调整收益模型可能对事件的价格反应更为敏感；均值调整收益对特定证券的历史信息赋予了较大的权重，在该证券的变动与市场总体变动关联性不大的情况下，用均值调整收益模型来计算非正常收益可能比较合适；而市场模型虽然在大多数情况下都能得到很好的结果，但由于事件日的不确定性与事件窗的长度（Ball and Torous，1988）、事件日的集聚性（Bernard，1987）等影响因素，使得市场模型更容易拒绝原假设。孙铮和李增泉（2003）在控制权转移的实证研究中验证了三种方法的计算差异，研究发现采用市场调整法和市场模型法两种方法计算的日超额收益率非常接近，其相关系数高达 0.98，而均值调整法计算的日超额报酬率则与其他两种方法存在很大的差异，认为用均值调整法计算的日超额报酬率很难控制市场因素的影响。

鉴于此，本书主要采用市场调整法，即选取事件窗口期每天的市场回报率（上海证券交易所选用上证指数回报率、深圳证券交易所选用深证指数回报率）作为上市公司的预计收益率，上市公司证券的日实际回报率减去当日的市场回报率即为证券的超额回报率。同时，采用市场模型法和均值调整法进行了稳健性分析。

4.1.2　样本选择及数据来源

4.1.2.1　样本选择

我国重大资产重组预案公告的停复牌政策在股权分置改革期间陆续出现，2008 年开始全面强制实施，因此，本书将研究样本确定为发生在 2008 ~ 2014 年沪深两市的重大资产重组预案公告事件。为获取有效样本，本书通过 Wind 资讯的上市公司公告数据库按照公司代码逐一进行手工识别，评判标准为《重大资产重组管理办法》第十二条所规定的各种比例，如果上市公司公告的重组预案符合该标准，则视为一次重大资产重组事件[①]。为考察预

① 如果一家公司在第一次重组失败后，修改重组预案并重新开始重组，我们视为两次单独的事件。

案公告的市场反应对企业管理层后续决策的影响，本书要求重大资产重组方案应在2014年12月31日前实施完成①，对未完成或者无法判断是否完成的预案公告事件进行了剔除。同时为合理地计算预案公告时的市场反应，删除了暂停上市和股改公司的重大资产重组事件，最后得到了636个有效事件。表4－1列示了样本按照行业和年度的分类统计表。

表4－1　　样本行业年度分布表

年份 行业	2008	2009	2010	2011	2012	2013	2014	合计
A. 农、林、牧、渔业	1	1	0	0	0	4	1	7
B. 采矿业	7	1	7	6	7	3	2	33
C. 制造业	40	47	35	35	52	74	66	349
D. 电力、热力、燃气及水生产和供应业	4	12	4	3	4	7	1	35
E. 建筑业	2	1	1	3	2	4	2	15
F. 批发和零售业	8	6	8	4	3	12	6	47
G. 交通运输、仓储和邮政业	0	4	2	4	1	0	0	11
H. 住宿和餐饮业	2	1	0	1	1	0	1	6
I. 信息传输、软件和信息技术服务业	1	1	1	5	5	10	14	37
J. 金融业	0	2	2	1	1	1	2	9
K. 房地产业	12	14	3	0	1	5	1	36
L. 租赁和商务服务业	2	1	3	3	1	3	1	14

① 重组方案实施完成并非指重组交易方案最终实施完成，本书的判断依据是重组方案是否经由证监会审核批准，如果获得批准视为成功完成，如果未获批准或者获得审批之前重组已经终止则为终止完成或者失败完成。

续表

行业 \ 年份	2008	2009	2010	2011	2012	2013	2014	合计
M. 科学研究和技术服务业	0	0	0	0	0	0	1	1
N. 水利、环境和公共设施管理业	2	2	4	0	1	2	1	12
P. 教育	0	0	0	0	0	2	0	2
Q. 卫生和社会工作	0	0	0	0	0	0	1	1
R. 文化、体育和娱乐业	1	1	1	1	0	7	3	14
S. 综合	0	4	0	0	0	2	1	7
合　计	82	98	71	66	79	136	104①	636

注：行业代码来自中国证监会（CSRC）制定的《上市公司行业分类指引》（2012 年修订）。

根据表 4－1，在样本期间内，2011 年重大资产重组事件的数量最低，但随着市场化重组的推进，自 2011 年开始呈逐年递增趋势，尤其是近两年呈现“井喷”之势。在所有样本中，制造业为所有行业最多，占比约 55%，其次是批发零售业及房地产业。

4.1.2.2　数据来源

本章所涉及的有关重大资产重组预案的相关数据均依据 Wind 资讯的上市公司公告数据库手工整理获得，日个股收益率、日市场指数收益率以及有关公司数据均来源于国泰安 CSMAR 数据库。

① 2014 年较低是由于样本筛选导致，因为有些重组事件已经公告但在 2014 年 12 月 31 日前尚未通过证监会审核，本文将这部分样本予以了剔除。

4.1.3 短期市场反应的合理度量

采用事件研究法计算短期市场反应的关键在于事件日和事件窗口期的合理确定。

4.1.3.1 事件日的确定

对于事件日的选择，国内文献多以并购的首次公告日作为事件日（陈信元和张田余，1999；徐莉萍等，2005；杜兴强和聂志萍，2007；等等），但是，很多并购信息可能在公告日前已经泄露且市场已经做出反应，导致公告日当天的市场反应并不完全。国外也有学者采用谣言开始日（Caruso and Palmucci，2008）和媒体首次披露日（Spyrou and Siougle，2007）等作为事件日。

为保护投资者的合法权益，我国重大资产重组的相关政策规定：上市公司在拟实施重大重组时应及时停牌，待重组预案公告时方可复牌。这样的现实背景为本书合理选择事件日提供了便捷，因为停牌会使得重组信息提前泄露的机会大大降低，预案公告日可合理地被视为重组信息的首次公布日。为此，本书选择重组预案公告日作为重大资产重组的事件日，如果公告日该上市公司全天停牌，则以公告日后的首个股票交易日作为事件日。

4.1.3.2 事件窗口期的选择

事实上，事件的发生往往存在信息泄露和滞后效应的问题，为有效测度事件的市场反应程度，通常应以事件日为中心确定一定区间的事件窗口期（Event Window）。而为了获取事件对股票价格的全部影响，合理选择事件窗口期尤为重要，如果过短可能不能完全揭示该事件对市场的影响，太长则又会包含较大的“噪音”。为此，本书首先选取预案公告日（事件日）前后各30

天的交易日即［-30，30］作为事件窗口[①]，按照市场调整法（Market - Adjusted Method）计算逐日的超额收益率（AR）和累计超额收益率（CAR），对重大资产重组事件的市场反应状况进行描述分析。进一步，按照事件窗口大小细分为［-30，-20）、［-20，-10）、［-10，-5）、［-10，10］、［-5，5］、［-1，1］等子窗口[②]，通过对不同的子窗口期的计算和分析，考察重大资产重组事件的信息泄露情况，以合理确定最佳窗口期来准确度量重组事件的市场反应状况。

（1）事件窗口期［-30，30］内的超额收益率和累计超额收益率。

表 4-2 列示了样本公司在［-30，30］事件窗口期内按照市场调整法确定的逐日超额收益率、累计超额收益率及累计超额收益率的 t 检验值。从日超额收益率来看，在事件公告日前 7 天开始出现明显增多，其趋势一直持续到事件日后 6 天，其中，在预案公告日当天获得的超额收益率最高，达到 5.26%。对于累计超额收益率，在［-30，30］的窗口期内重大资产重组事件总体带来了 11% 的累计超额收益率，其中最高值发生在事件日后的第 9 天，达到 16.9%，这与王培欣和谭雪（2013）的相关研究结论基本一致。可见，重大资产重组事件给上市公司股东带来了显著的短期超额回报。考察事件公告日前三天（即［-3，-1］）累计产生的超额收益，发现这三天产生了约 3% 的累计超额收益率，这与事件公告日当天的超额收益率（5.26%）相比数值较大，说明未公告的重组信息被市场提前捕捉的程度较高，

---

① 在确定事件窗口期时，由于重大资产重组事件存在停牌期，本书剔除了停牌期，以事件停牌的前一个交易日为窗口期的 -1 天。

② ［-30，-20）中的“［”表示包含第 -30 日当天，“）”则表示不涵盖第 -20 当天，其余依此类推。

暗含着我国重大资产重组事件中存在较显著的信息泄露情况，内幕交易较为严重。

表 4-2　事件窗口期样本公司的 AR 和 CAR、t 值

日期	AR	CAR	t (CAR)
-30	-1.86e-05	-1.86e-05	-0.017
-29	-0.000608	-0.000626	-0.418
-28	0.00202	0.00140	0.722
-27	-0.000838	0.000560	0.255
-26	-0.000886	-0.000326	-0.137
-25	-0.000585	-0.000911	-0.353
-24	0.000536	-0.000375	-0.133
-23	0.00123	0.000855	0.285
-22	0.000621	0.00148	0.466
-21	-7.65e-05	0.00140	0.419
-20	-0.00213	-0.00073	-0.206
-19	-0.000846	-0.00158	-0.428
-18	-0.00126	-0.00284	-0.741
-17	-0.000107	-0.00294	-0.726
-16	-0.00170	-0.00465	-1.140
-15	-0.000148	-0.00479	-1.139
-14	-0.000526	-0.00532	-1.224
-13	0.000220	-0.00510	-1.146
-12	0.000306	-0.00480	-1.082
-11	0.00146	-0.00334	-0.728
-10	-0.000319	-0.00366	-0.789
-9	0.000741	-0.00291	-0.615
-8	0.000260	-0.00265	-0.552
-7	0.00316	0.000507	0.101
-6	0.00293	0.00344	0.662
-5	0.00129	0.00474	0.893

续表

日期	AR	CAR	t (CAR)
-4	0.00408	0.00881	1.667 *
-3	0.00458	0.0134	2.479 **
-2	0.00662	0.0200	3.652 ***
-1	0.0192	0.0392	6.964 ***
0	0.0526	0.0918	14.09 ***
1	0.0308	0.123	16.23 ***
2	0.0225	0.145	16.83 ***
3	0.0111	0.156	16.36 ***
4	0.00506	0.161	15.69 ***
5	0.00318	0.165	15.06 ***
6	0.00170	0.166	14.51 ***
7	-0.000522	0.166	14.06 ***
8	0.00273	0.168	13.83 ***
9	0.000274	0.169	13.56 ***
10	-0.000243	0.168	13.38 ***
11	-0.00139	0.167	13.14 ***
12	-0.00282	0.164	12.82 ***
13	-0.000854	0.163	12.64 ***
14	-0.000660	0.163	12.50 ***
15	-0.00131	0.161	12.25 ***
16	-0.00250	0.159	11.99 ***
17	8.32e-06	0.159	11.97 ***
18	0.000762	0.159	12.02 ***
19	5.68e-05	0.159	11.96 ***
20	-0.00157	0.158	11.92 ***
21	0.000964	0.159	11.99 ***
22	0.000259	0.158	11.92 ***
23	-0.000923	0.157	11.83 ***
24	-0.000653	0.157	11.71 ***

续表

日期	AR	CAR	t（CAR）
25	-0.000993	0.156	11.64***
26	-0.000425	0.154	11.58***
27	-0.000528	0.154	11.48***
28	-0.000280	0.153	11.36***
29	-0.000707	0.153	11.29***
30	-0.00292	0.149	11.01***

注：*、**、*** 分别表示在10%、5%和1%的水平上显著，变量为双尾检定。

为更清晰、直观地观察超额收益率和累计超额收益率的逐日变化状况，本章进一步绘制了样本公司在［-30，30］区间内以市场调整法确定的逐日超额收益率和累计超额收益率的变化趋势图，见图4-1。图4-1直观地表明：如果投资者在重组预案公告之前投资拟重组的上市公司股票，将能获得非常可观的收益；即使投资者在公告日当天购入股票，在短期内也能获得较高的超额回报率。

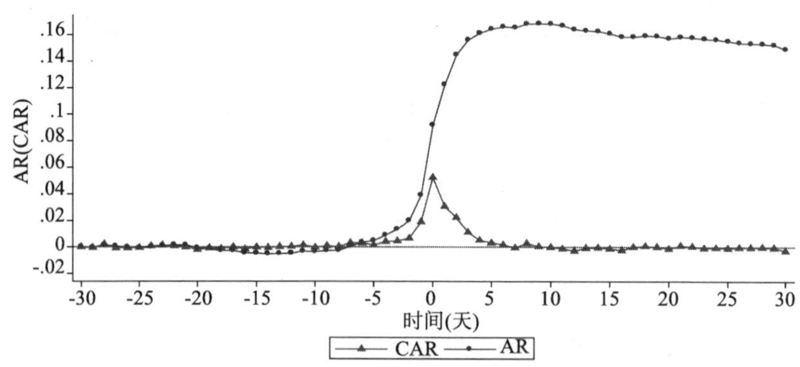

图4-1 ［-30，30］事件窗口期全样本的AR和CAR——市场调整法

从理论上讲，通过对累积超额收益率（CAR）的检验可以对市场效率做出判断：在一个半强式有效市场中，当 t > 0，即事件公告日之后，CAR 值应保持不变，如果 CAR 持续上升，则表明市场对公司重组信息并没有迅速做出反应或反应不足（Under - reaction），买入股票仍可以获得超额收益；如果 CAR 下降，则表明市场对公司重组信息存在过度反应（Over - reaction）。依据该理论分析，对比图 4 - 1，可以清晰地看到，从事件日前 7 天开始，累计超额收益率开始逐渐上升，上升趋势在事件日前 3 天较为明显，在事件日当天上升幅度最大，并一直持续到事件日后 3 天，之后开始处于比较平缓的状态，在事件日后第 10 天左右呈现下降态势。这意味着整体来看，投资者对待重大资产重组事件在短期内反应不足，但长期来看反应过度。

（2）最佳事件窗口期的确定。

结合表 4 - 2 和图 4 - 1 进一步分析，在预案公告日之前，已产生约 4% 的累计超额收益率，且在 1% 的水平上显著，这说明总体来看，市场对于重组信息出现了提前反应，重组信息存在提前泄露的情况。然而，究竟选择多长的窗口期来准确地度量重大资产重组事件的市场反应，则需要对各子窗口期进行进一步统计分析。依据表 4 - 2 和图 4 - 1 的变化趋势，本章将事件窗口细分为［-30，-20）、［-20，-10）、［-10，-5）、［-10，10］、［-5，5］、［-1，1］等子窗口期，分别考察各子窗口期的累计超额收益率，并进行了相应的 t 检验，结果列示如表 4 - 3 所示。

根据表 4 - 3 的统计结果，在［-30，20）和［-20，-10）的窗口期内，累计超额收益率均不显著，说明并购信息在重组公告 10 天前尚未出现显著的泄露情况，但是在［-10，-5）的窗口期内，累计超额收益率则在 5% 的水平上显著，这意味着累

表 4-3　　各事件窗口期全样本的 CAR 及 t 值

子窗口期	[-30,20)	[-20,-10)	[-10,-5)	[-10,10]	[-5,5]	[-1,1]
累计超额收益率（%）	0.14	-0.474	0.678**	17.2***	16.1***	10.3***
t 值	0.42	-1.55	2.62	14.51	16.91	19.7

注：① 窗口期 [-30，-20）表示重组预案公告日前第 30 天至前第 21 天，其余类推。

② **、*** 分别表示在 5% 和 1% 的水平上显著，变量为双尾检定。

计超额收益率在预案公告日的 5 天前已显著异于 0。进一步比较 [-10，10]、[-5，5] 和 [-1，1] 三个子窗口期的累计超额收益率，发现 [-10，10] 的值最大，为 17.2%。因此，为有效捕捉市场对重大资产重组事件的反应情况，本书将事件窗口期确定为 [-10，10][①]，即以预案公告日前后 21 天的累计超额收益率（$CAR_{[-10,10]}$）作为重组事件短期市场反应的测度指标。

4.1.3.3　稳健性分析

前已述及，超额回报（AR）的测算通常有市场调整法、市场模型法和均值调整法三种方法。为结果的稳健，本章也采用市场模型法和均值调整法进行了稳健性分析。首先，利用 Brown and Warner（1985）的市场模型法计算重大资产重组事件的累计超额收益率，根据本章前面的分析，在事件日前 30 天基本不存在信息泄露的情况，为使估计期能更准确地反映事件窗口的收益和风险，本书选择参数 α 和 β 的估计区间为预案宣告前 60 个交易日至前 30 个交易日，即 [-60，-30]，然后按照式（4-4）

① 在本书的部分章节中，也采用 [-5，5] 和 [-1，1] 的事件窗口期进行了稳健性分析。

对样本公司的 AR 和 CAR 进行了估计。同时，本书也采用［-60，-30］的估计期按照式（4-5）利用均值调整法估计了 AR 和 CAR。为避免重复，以市场模型法和均值调整法计算的 AR 和 CAR 的数据未进行列示，这里仅绘制了两种方法下［-30，30］事件窗口期内 AR 和 CAR 相应的变化趋势图，如图 4-2 和图 4-3 所示。

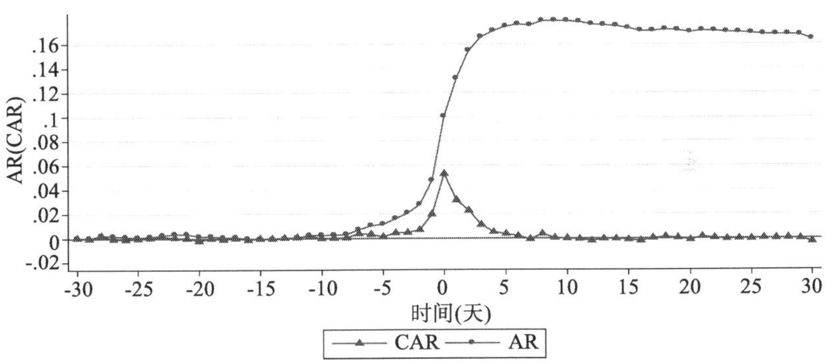

图 4-2　［-30，30］事件窗口期全样本的 AR 和 CAR——市场模型法

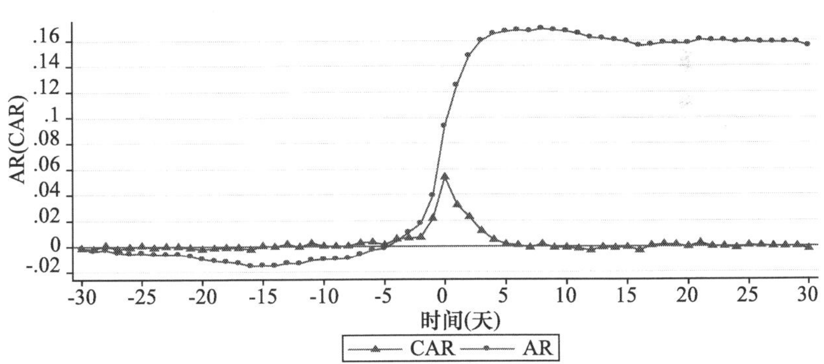

图 4-3　［-30，30］事件窗口期全样本的 AR 和 CAR——均值调整法

通过对比图 4-2 与图 4-1，可以发现市场模型法和市场调整法的趋势基本一致，二者不存在显著差别，这与翟进步等

(2010) 和徐莉萍等 (2005) 的研究结论也基本一致。但是对图 4－3 与图 4－1 进行对比分析发现，均值调整法与市场调整法存在较明显的差异。陈汉文和陈向民 (2002) 认为均值调整收益对特定证券的历史信息赋予了较大的权重，只有当证券的变动与市场总体变动关联性不大的情况下，用均值调整收益模型才可能比较合适，而我国资本市场尚处于发展初期，企业的股价波动与市场波动存在较大的相关性，故采用均值调整法可能不太恰当。基于此，本书认为采用市场调整法计算重大资产重组事件的市场反应比较稳健。

4.2 短期市场反应的分析

4.2.1 分年度分行业分析

由于本书的样本涉及多个年度多个行业，为考察重大资产重组事件的短期市场反应是否存在年度和行业差异，本章分别按照年度和行业对短期市场反应 ($CAR_{[-10,10]}$) 进行了描述性分析。

表 4－4 列示了 2008～2014 年各年度的 $CAR_{[-10,10]}$ 的描述性统计量，从表中可以看到，各年份之间短期市场反应的均值存在较明显的差异，其中 2008 年与 2011 年相对较低，分别为 5.73% 和 8.42%，其余年份的均值较高。从各年的趋势来看，自 2008 年《重大资产重组管理办法》出台以来，除了在 2011 年出现大幅回落外，其余年份短期市场反应的均值基本呈现逐年上涨趋势，2014 年达到最高，为 24.87%。不过，各年份的标准差值较为接近，说明各年数据的离散程度比较相似。

表 4－4　　分年度 $CAR_{[-10,10]}$ 的描述性统计

年度	N	Min（%）	Max（%）	Mean（%）	Std. Dev.
2008	82	－83.18	80.60	5.73	0.34
2009	98	－34.73	150.23	21.52	0.27
2010	71	－34.48	94.42	18.29	0.26
2011	66	－39.73	100.15	8.42	0.29
2012	79	－31.22	85.49	11.49	0.22
2013	136	－43.61	148.96	22.05	0.31
2014	104	－27.46	109.28	24.87	0.31

表 4－5 列示了重大资产重组事件按照行业分类的 $CAR_{[-10,10]}$ 的相关统计量，从均值来看，除个别特殊值外，各行业的市场反应均值较为接近。表 4－5 将为本书后续章节的实证分析提供行业组合的证据，由于有的行业样本量太小，后续章节将依据该表对部分行业进行合并处理。

表 4－5　　分行业 $CAR_{[-10,10]}$ 的描述性统计

统计量 / 行业	Total	Min（%）	Max（%）	Mean（%）	Std. Dev.
A. 农、林、牧、渔业	7	－6.640	57.95	11.77	0.25
B. 采矿业	33	－49.72	100.2	12.16	0.41
C. 制造业	349	－83.18	149.0	18.23	0.30
D. 电力、热力、燃气及水生产和供应业	35	－44.31	71.53	15.73	0.25
E. 建筑业	15	－34	58.47	13.47	0.27
F. 批发和零售业	47	－39.73	81.43	11.27	0.24
G. 交通运输、仓储和邮政业	11	－19.85	54.42	9.21	0.23

续表

行业 \ 统计量	Total	Min（%）	Max（%）	Mean（%）	Std. Dev.
H. 住宿和餐饮业	6	-37.95	63.56	8.83	0.37
I. 信息传输、软件和信息技术服务业	37	-27.46	109.3	19.17	0.29
J. 金融业	9	-10.43	42.85	12.43	0.20
K. 房地产业	36	-34.73	150.2	21.98	0.38
L. 租赁和商务服务业	14	-23.17	53.60	9.95	0.20
M. 科学研究和技术服务业	1	10.15	10.15	10.15	-
N. 水利、环境和公共设施管理业	12	-16.71	63.17	11.49	0.23
P. 教育	2	29.61	72.06	50.84	0.30
Q. 卫生和社会工作	1	-7.87	-7.87	-7.87	-
R. 文化、体育和娱乐业	14	-15.11	128.8	37.86	0.41
S. 综合	7	2.22	31.40	17.01	0.12

注：行业代码来自中国证监会（CSRC）制定的《上市公司行业分类指引》(2012 年修订)。

4.2.2 短期市场反应的影响因素分析

从我国现有文献来看，研究并购重组短期市场反应及影响因素的样本多集中于股改前发生的并购事件，且较少有学者单独以重大资产重组事件为样本，而本书前述章节已提及，重大资产重组作为我国上市公司重要的并购形式，在股改后呈现许多新的交易特征，为此，基于全流通背景下重大资产重组事件的研究样本，本书进一步分析了短期市场反应的影响因素，以考察这类特殊并购事件的市场反应主要受哪些因素的影响。根据已有文献

(李善民和朱滔，2005a；杜兴强和聂志萍，2007；陈涛和李善民，2011；王培欣和谭雪，2013；等等）的研究成果和重大资产重组的交易特征，本章首先通过单变量分析考察了可能影响短期市场反应的相关因素，包括公司市值、公司现金流、重组方式、支付方式、公司是否属于 ST 和公司所属市场类型等，然后通过多元回归分析法综合考察了各因素的影响状况。

4.2.2.1　单因素分析

（1）公司市值。根据并购发生前一年的公司 Tobin's Q 值来对样本按照从小到大分为 5 组，表 4－6 列示了分组后的 $CAR_{[-10,10]}$ 的描述性统计结果，从均值来看，公司市值与短期市场反应呈现反方向变化。该结论与李善民和朱滔（2005a）实证研究中的结果较吻合，这一方面说明公司市值越大时，企业管理者越有可能作出次优的决策；另一方面也说明投资者对待“小市值”公司的期望更高。

表 4－6　按公司市值分组的 $CAR_{[-10,10]}$ 的描述性统计

统计量 / 现金流分组注	N	Min（%）	Max（%）	Mean（%）	Std. Dev.
第 1 组	128	－51.15	149.0	20.97	0.33
第 2 组	127	－44.31	108.5	18.91	0.25
第 3 组	127	－83.18	150.2	15.76	0.33
第 4 组	127	－67	100.2	16.72	0.30
第 5 组	127	－64.45	105.3	13.51	0.27

注：公司市值是采用并购重组前一年的 Tobin's Q 值，然后按照从小到大平均分为 5 组。

（2）公司现金流。表 4－7 对按照上市公司的现金流量分组后的 $CAR_{[-10,10]}$ 的描述性统计进行了列示，根据统计结果，在现金流量最充足的分组中（第5组），短期市场反应的平均值最低，仅为6.44%，与平均值最大的市场反应相比相差近20个百分点。这与李善民和朱滔（2005a）的研究结果也较一致，即并购前现金流较多的公司并购绩效较差。按照自由现金流假说，在信息不对称的情况下，作为自利的管理层具有为获取私人收益而采取损害股东利益行为的动机，现金作为流动性最强的资产，极易成为管理层实现私利的工具，本书的结果验证了自由现金流假说。

表4-7 按公司现金流分组的 $CAR_{[-10,10]}$ 的描述性统计

统计量 / 市值分组[注]	N	Min（%）	Max（%）	Mean（%）	Std. Dev.
第1组	128	-39.52	105.2	16.53	0.26
第2组	127	-49.72	150.2	26.17	0.33
第3组	127	-67	122.1	20.19	0.34
第4组	127	-83.18	92.85	16.57	0.27
第5组	127	-64.45	56.43	6.44	0.22

注：公司现金流是采用并购重组前一年的经营净现金流量，然后按照从小到大平均分为5组。

（3）重组方式。我国资产重组的方式被约定俗成地分成四大类：股权转让、收购兼并、资产剥离和资产置换（陈信元和张田余，1999）。由于本书研究的重大资产重组样本不包括以上市公司股权作为标的的单一股权转让或买卖行为，故重组方式主要表现为资产收购、资产剥离和资产置换三种形式①，同时为考察吸收合并的市场反应状况，本书将吸收合并从收购兼并中分离

① 在重大资产重组中，有时候资产收购和资产剥离会同时发生，本文将单独的资产出售行为视为资产剥离，如果同时存在两种行为归为资产收购类。

出来单独作为一类。首先，图 4－4 对各重组方式在事件窗口期［－30，30］的 CAR 进行了直观的描述，从图中可以看到，无论哪种方式，其 CAR 都在事件公告日前呈现逐步上升的趋势，在公告日当天增幅最大，其中资产置换获得了最大增幅，资产剥离在公告日前的 CAR 值较低。从并购事件公告日前的 CAR 的波动来看，吸收合并和资产置换方式存在信息泄露的情况较为严重。

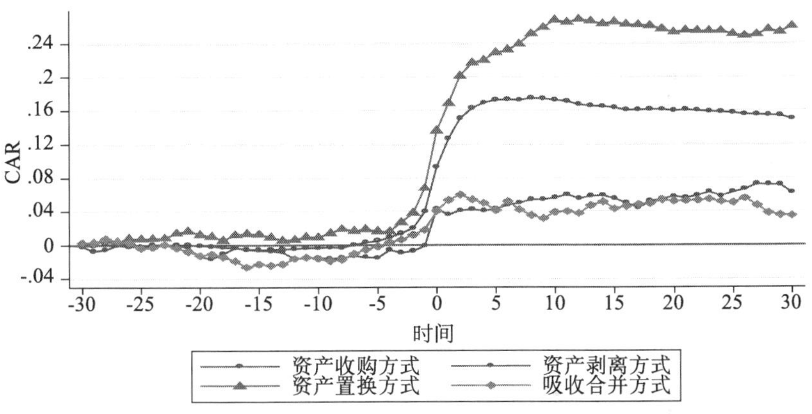

图 4－4　［－30，30］事件窗口期各重组方式的 CAR

进一步，表 4－8 对各重组方式短期市场反应（$CAR_{[-10,10]}$）进行了描述性统计，从样本数量分布来看，绝大多数属于资产收购的类型。与图 4－4 的结论一致，资产置换方式的市场反应均值最大，为 25.81%；资产收购方式次之，为 17.57%；而资产剥离与吸收合并方式市场反应的均值相对较低，仅分别为 7.11% 和 5.32%。这一结论与李善民和陈玉罡（2002）、杜兴强和聂志萍（2007）的相关研究结果较为一致，即资产收购类重组的短期市场反应要显著优于资产剥离类重组。

表 4－8　按重组方式分组的 $CAR_{[-10,10]}$ 的描述性统计

重组方式＼统计量	N	Min（%）	Max（%）	Mean（%）	Std. Dev.
资产收购	515	－49.72	149.0	17.57	0.28
资产剥离	27	－15.12	66.99	7.11	0.21
资产置换	58	－37.95	150.2	25.81	0.39
吸收合并	36	－83.18	62.73	5.32	0.34

（4）支付方式。随着市场化重组的不断推进，重组支付方式逐渐多样化，目前上市公司重组中的支付方式有：现金支付、股票支付、现金和股票混合支付以及包括可转债、优先股、过桥融资等在内的其他支付方式。图 4－5 按照股票支付、现金和股票混合支付、现金支付、其他支付四种分类列示了各年度各支付方式的占比情况，由图可知，股票支付等非现金支付方式的相对比例越来越大，特别是股票和现金的混合支付方式在近三年逐渐增多。这可能得益于 2011 年证监会颁布的《关于修改上市公司重大资产重组与配套融资相关规定的决定》，根据该决定，“上市公司发行股份购买资产的，可以同时募集部分配套资金”，这缓解了企业资金不足困境，增加了企业在并购中采用现金和股票同时支付的可能性。

为考察市场对各支付方式的市场反应状况，本章将支付方式简单分为三组：现金支付、股票支付和其他支付①。表 4－9 列示了各组间的分组检验情况，从各支付方式的样本分布情况来看，在全部样本中仅有 91 个样本采用现金支付的方式，占比 14.3%；从各支付方式的 CAR 的均值来看，相比于其他两种类

① 其他支付包括现金和股票的混合支付、资产支付等其他方式。

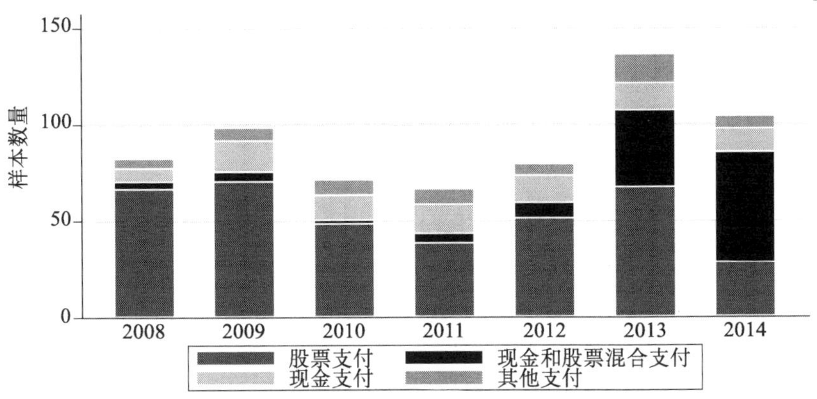

图 4－5　各年度支付方式分布图

型的支付方式，现金支付时均值最低，仅为 6%，且显著低于股票支付方式下的 16.6%（t = －3.22），这样的结论与陈涛和李善民（2011）的结果相似。根据信息不对称条件下的融资优序理论（Myers and Majluf，1984）和市场错误估值假说（Shleifer and Vishny，2003），并购中收购公司在其股价被高估时偏好使用股票支付，相反在其股票被低估时偏好使用现金支付，故采用股票支付方式时，向外部投资者传递一个收购公司现有价值被高估的信号，对其股价产生负面的市场反应。但我国并购重组中的股票支付方式却发现了与之相反的结论，其可能的原因是我国重组的对象多为非公开上市公司，采取股票支付时，重组对象需要承担部分重组风险，从而使得重组公司的收益更好。

（5）重组公司是否属于 ST。在我国特殊的制度背景下，保住"壳"资源是许多上市公司并购重组的主要动机，本书进一步按照上市公司并购前是否被 ST 进行分组，以考察二者之间的短期市场反应是否存在差异。表 4－10 对分组公司分别按照 $CAR_{[-10,10]}$、$CAR_{[-5,5]}$、$CAR_{[-1,1]}$进行组间均值 t 检验，由结果

表 4－9　　CAR$_{[-10,10]}$按照支付方式的分组检验

支付方式	N	CAR$_{[-10,10]}$			CAR$_{[-5,5]}$			CAR$_{[-1,1]}$		
		Mean（%）	Diff[注]	t 值	Mean（%）	Diff	t 值	Mean（%）	Diff	t 值
现金	91	0.06	－0.106	－3.22	0.071	－0.081	－2.97	0.052	－0.046	－3.22
股票	366	0.166	－0.067	－2.50	0.152	－0.069	－3.2	0.099	－0.032	－2.75
其他	179	0.234	0.172	4.44	0.221	0.150	4.86	0.131	0.079	4.38

注：Diff 和 t 值从上往下分别代表现金支付和股票支付的差额和 t 值、股票支付和其他支付的差额和 t 值、其他支付与现金支付的差额和 t 值。

可知，CAR$_{[-10,10]}$在两组间存在显著的差异（t = 2.38，p = 0.017），ST 组的均值与非 ST 组相比高出 7.46%，说明市场对于 ST 公司的重组题材给予更大的市场预期。进一步对比 CAR$_{[-10,10]}$、CAR$_{[-5,5]}$和 CAR$_{[-1,1]}$三组之间的差异情况，发现随着事件窗口期的缩短，ST 组和非 ST 组之间的差异逐渐减少，且在 CAR$_{[-5,5]}$和 CAR$_{[-1,1]}$中均不显著，可能的解释是 ST 股的重组题材信息更有可能被提前泄露，造成市场的提前反应。

表 4－10　　CAR 按照是否属于 ST 的分组检验

	CAR$_{[-10,10]}$		CAR$_{[-5,5]}$		CAR$_{[-1,1]}$	
	ST 组	非 ST 组	ST 组	非 ST 组	ST 组	非 ST 组
N	109	527	109	527	109	527
Mean（%）	23.36	15.90	19.17	15.47	10.27	10.25
Difference（%）	7.46		3.70		0.02	
T－test	2.38 **		1.46		0.01	
P 值	0.017		0143		0.992	

注：** 表示在 5% 的水平上显著。

（6）重组公司所属市场类型。为满足不同类型企业的上市需要，我国的股票市场上存在主板、中小企业板和创业板等多层次市场体系，而各板块的市场定位存在明显差异，那么投资者对重组股的市场反应是否在各板块间存在不同？本章按照上海主板、深圳主板、中小板和创业板对样本进行分组，然后对各组的 $CAR_{[-10,10]}$ 进行了描述性统计分析，结果见表4-11。从表中可知，深圳中小板的重组事件所获得的市场反应最大，为22.64%；上海主板次之，为17.36%；而深圳主板和创业板的均值相对较低，分别为13.68%和6.35%。

表4-11　按照市场类型分组的 $CAR_{[-10,10]}$ 的描述性统计

统计量 重组方式	N	Min（%）	Max（%）	Mean（%）	Std. Dev.
上海主板	262	-67	150.23	17.36	0.27
深圳主板	178	-64.45	148.96	13.69	0.30
中小板	117	-83.18	122.10	22.64	0.34
创业板	79	-31.22	128.82	6.35	0.26

表4-11的结果显示，创业板的市场反应较低，这样的结论似乎与现实不太吻合，因为创业板是推动战略性新兴产业发展的重要平台，其上市公司多从事高科技业务，属于成长性较好的企业，并购重组理应能为企业带来更大的发展空间。进一步，本章按照各板块对事件窗口期［-30，30］逐日的累计超额收益率进行了直观描述，如图4-6所示。从图4-6中可以清晰地看到，创业板的CAR在并购前25天即开始出现异动，这说明信息提前泄露情况严重，导致［-10，10］的事件窗口期计算的CAR未能完全捕捉到创业板重组事件的市场反应状况。同时，图4-6也直观地显示，深圳主板的上市公司的超额累计收益率要低于其他板块。

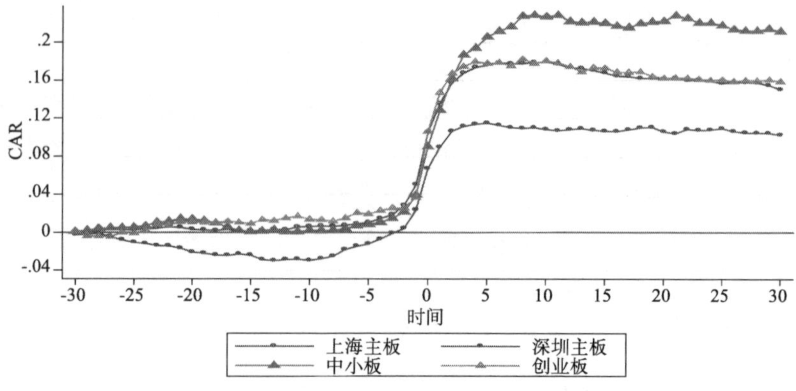

图 4-6　[-30，30] 事件窗口期各市场类型的 CAR

4.2.2.2　多元回归分析

为综合考虑上述各因素对短期市场反应的影响，本章进一步构建如下多元回归模型进行分析：

$$CAR = \alpha + \sum \beta_{1i} Factor_i + \sum \beta_{2i} Control_i + \varepsilon \qquad (4-6)$$

其中，CAR 为并购预案公告时的短期市场反应；Factor 是相关影响因素构成的向量，包括公司规模（Size）、公司市值（TobinQ）、公司现金流（CFlow）、重组方式（ResType_dum）、支付方式（PayType_dum）、公司是否属于 ST（ST_dum）和公司所属市场类型（Market_dum）等；Control 是包含多个控制变量的向量，根据已有文献，主要涉及资产回报率（Roa）、财务杠杆率（Lev）、董事长总经理兼任（Cirplum）、股权制衡（Disp）、外部董事比例（Outsize）、企业产权性质（State）、年度哑变量（Year）和行业哑变量（Industry），各变量的具体定义如表 4-12 所示。为控制内生性，公司层面的变量均采用滞后一年的数据。

表 4－12　　变量的定义

变量	简写	定义
预案公告时短期市场反应	CAR	预案公告时的累计超额收益率
公司规模	Size	总资产的自然对数
公司市值	TobinQ	公司市场价值/账面价值
公司现金流	CFlow	公司经营活动净现金流量/总资产
重组方式	ResType_dum	分别设置三个哑变量：ResType_dum1 是资产收购时取 1，否则取 0；ResType_dum2 是资产置换时取 1，否则取 0；ResType_dum3 是吸收合并时取 1，否则取 0
支付方式	PayType_dum	哑变量，仅为现金支付时取 1，否则取 0
公司是否属于 ST	ST_dum	哑变量，公司属于 ST 时取 1，否则取 0
市场类型	Market_dum	分别设置三个哑变量：Market_dum1 是公司属于上海主板时取 1，否则取 0；Market_dum2 是公司属于中小板时取 1，否则取 0；Market_dum3 是公司属于创业板时取 1，否则取 0
资产回报率	Roa	净利润/总资产
财务杠杆率	Lev	负债/总资产
董事长总经理兼任	Cirplum	哑变量，董事长总经理为同一人时为 1，否则为 0
股权制衡	Disp	第一大股东比例/第二至第十大股东持股比例之和
外部董事比例	Outsize	独立董事人数/董事会总人数
企业产权性质	State	哑变量，国企为 1，否则为 0
行业虚拟变量	Industry	哑变量，当处于该行业时为 1，否则为 0
年度虚拟变量	Year	哑变量，当处于该年时为 1，否则为 0

为了结果的稳健，分别采用［-10，10］、［-5，5］和［-1，1］三个时间窗的累计超额收益率作为短期市场反应的度量指标，然后按照本章的全样本[①]根据模型（4-6）进行了多元回归，结果如表4-13所示。从表中可以看到，公司规模（Size）、公司市值（TobinQ）、支付方式（PayType_dum）均与短期市场反应之间显著为负，这与前文中的单因素分析的结论较为一致，说明公司规模与公司市值越大，企业管理者越有可能做出次优的决策，进而导致投资者对重组方案持有较低的市场预期；现金支付时投资者的市场反应更低，说明投资者对单纯的现金收购行为不看好。考察重组方式（ResType_dum），发现与资产剥离类重组相比，资产收购、资产置换以及吸收合并三种类型的市场反应均没有显著的区别。至于市场类型（Market_dum），与深圳主板市场相比，上海主板和创业板公司的短期市场反应存在显著的差异，而中小板公司不显著，说明重组事件的市场反应在各市场类型间存在明显不同，与前述单因素分析的结论也一致。此外，公司现金流（CFlow）和公司是否属于ST（ST_dum）在全样本中无显著影响。

考察控制变量的系数，发现董事长总经理兼任（Cirplum）和企业性质（State）均与市场反应在5%的水平上显著为负，这说明：当董事长和总经理同为一人时，企业重组公告市场反应较低，这间接证明了当企业管理者权力越大时，并购重组的相关决策越可能忽视中小投资者的利益；国有企业重组的市场反应更低，这意味着在我国的特殊制度背景下，国有企业更易做出有损投资者利益的重组决策。

---

① 由于有部分变量存在缺失值，删除缺失值后样本总量为627个。

表 4-13　短期市场反应影响因素的多元回归分析

解释变量	$CAR_{[-10,10]}$	$CAR_{[-5,5]}$	$CAR_{[-1,1]}$
Size	-0.052***	-0.039***	-0.016***
	(-4.57)	(-4.24)	(-3.15)
Tobinq	-0.010***	-0.008**	-0.004**
	(-2.65)	(-2.51)	(-2.44)
CFlow	0.010	-0.018	0.008
	(0.08)	(-0.19)	(0.16)
ResType_dum1	0.029	0.059	0.031
	(0.45)	(1.13)	(1.05)
ResType_dum2	0.075	0.075	0.045
	(1.00)	(1.24)	(1.34)
ResType_dum3	-0.028	-0.011	-0.019
	(-0.35)	(-0.18)	(-0.52)
PayType_dum	-0.113***	-0.085***	-0.051***
	(-3.05)	(-2.83)	(-3.08)
ST_dum	0.042	0.017	-0.010
	(1.20)	(0.59)	(-0.67)
Market_dum1	0.060**	0.055**	0.025*
	(2.09)	(2.38)	(1.94)
Market_dum2	0.019	-0.002	-0.008
	(0.49)	(-0.05)	(-0.48)
Market_dum3	-0.087*	-0.079**	-0.002
	(-1.86)	(-2.11)	(-0.12)
Roa	-0.002	-0.002	-0.001
	(-1.56)	(-0.96)	(-1.05)
Lev	0.019*	0.010	0.007
	(1.82)	(1.16)	(1.52)

续表

解释变量	$CAR_{[-10,10]}$	$CAR_{[-5,5]}$	$CAR_{[-1,1]}$
Cirplum	-0.055**	-0.056**	-0.033**
	(-1.97)	(-2.46)	(-2.58)
Disp	0.011	0.002	-0.006
	(0.23)	(0.84)	(-0.19)
Outsize	-0.005	-0.063	0.009
	(-0.02)	(-0.37)	(0.10)
State	-0.062**	-0.062***	-0.020
	(-2.18)	(-2.68)	(-1.57)
Indurstry	Control	Control	Control
Year	Control	Control	Control
_cons	1.159***	0.915***	0.364***
	(4.31)	(4.21)	(3.00)
N	627	627	627
r2_a	0.130	0.121	0.093

注：***、**和*分别表示1%、5%和10%的显著性水平。

4.2.3 股价信息的初步检验

本书研究的基本目的在于考察重组预案公告时的股价信息能否为企业决策者传递有价值的信息，通过本章前述的分析，发现在我国重大资产重组中投资者存在题材炒作的现象，且投资者对重组信息呈现过度反应的趋势。那么，在这些非理性行为的影响下，投资者的股价信息值得企业决策者关注吗？

按照相关政策，重大资产重组预案必须经证监会审核通过后方可实施，也就是说，从预案公告到证监会审核通过，重组能否最终成功仍存在诸多不确定性。这种制度背景为本书初步检验预案公告时的股价信息提供了可能，即：预案公告时的市场反应越差，是否并购成功的可能性越小？为此，本书提出如下假设：

假设：在其他条件不变的情况下，预案公告时的市场反应越差，并购成功的可能性越小。

如果该假设得以验证，则初步表明市场投资者能根据上市公司公布的重组预案进行较为理性的判断，其股价信息具有一定的参考价值。为验证上述假设，本章首先构建如下 Logit 回归模型：

$$Prob(Y=1)=\alpha+\beta_1 CAR+\sum\beta_{2i}Control_i+\varepsilon \quad (4-7)$$

其中，Y 为并购是否成功[①]的哑变量，当并购不成功时 Y 取值为 1，否则取 0；CAR 是并购预案公告时的短期市场反应，以 [-10，10] 窗口期的累计超额收益率进行度量；Control 是由多个控制变量构成的向量，具体控制变量及定义与本书第 5 章的模型（5-1）中的一致，为避免重复，本部分未列示。

随后根据本章的全样本[②]按照模型（4-7）进行 Logit 回归，结果如表 4-14 所示。根据回归结果，预案公告时的市场反应与并购不成功的可能性在 1% 的水平上显著负相关（t = -3.34），说明市场反应越差，并购成功的可能性越小，这充分验证了前述假设。同时，本章也进一步按照市场反应（CAR）是否大于 0 分为两组，然后按照模型（4-7）分组回归，发现显著性仅存在于 CAR < 0 的分组中，且 CAR < 0 分组中 β1 的绝对值比全样本中的更大，这进一步证明了市场反应较差时，并购失败的可能性更大。

① 与前文一致，并购是否成功的判断标准是并购方案是否获得证监会审核通过，通过则为成功，反之，不通过或者通过前终止则为不成功。此外，如果证监会在通过后由于某种原因撤销了审批，也视为不成功。

② 为考察全样本的总体状况，未对样本进行筛选处理，为了结果的稳健，本章也按照第 5 章的样本筛选过程剔除掉部分样本后回归，其结果不发生变化。

表 4-14　　市场反应与并购是否成功的回归分析

解释变量	(1) Prob (Y=1) 全样本	(2) Prob (Y=1) $CAR_D > 0$	(3) Prob (Y=1) $CAR_D < 0$	(4) Prob (Y=1) 剔除自行终止样本
CAR	-1.230***	-0.799	-4.605***	-1.118*
	(-3.34)	(-1.54)	(-2.69)	(-1.71)
Relevance	0.015	0.232	-0.703	0.543
	(0.07)	(0.89)	(-1.51)	(1.39)
PayType	-0.655**	-0.343	-1.412**	-0.857
	(-2.02)	(-0.80)	(-2.36)	(-1.37)
Position	0.522	0.525	1.336*	0.507
	(1.63)	(1.30)	(1.78)	(0.94)
Size	-0.200*	-0.232*	-0.103	-0.303*
	(-1.90)	(-1.75)	(-0.50)	(-1.79)
TobinQ	-0.014	-0.043	0.117	-0.076
	(-0.26)	(-0.68)	(0.68)	(-0.72)
ROA	-0.545	-0.720	-2.108	-2.836*
	(-0.53)	(-0.60)	(-0.85)	(-1.78)
CFlow	-0.514	-0.544	1.200	6.852***
	(-0.42)	(-0.36)	(0.40)	(3.12)
BoardSize	-0.127*	-0.114	-0.252	-0.001
	(-1.78)	(-1.33)	(-1.54)	(-0.01)
Outsize	-1.933	-0.692	-5.044	-1.488
	(-0.92)	(-0.28)	(-1.04)	(-0.40)
Disp	-0.012	-0.025	-0.019	-0.032
	(-0.70)	(-0.98)	(-0.56)	(-1.00)
Cirplum	-0.086	-0.043	-0.041	-0.381
	(-0.36)	(-0.15)	(-0.08)	(-0.87)

续表

解释变量	(1) Prob（Y=1） 全样本	(2) Prob（Y=1） $CAR_D>0$	(3) Prob（Y=1） $CAR_D<0$	(4) Prob（Y=1） 剔除自行终止样本
State	0.266	0.060	0.904*	0.559
	(1.11)	(0.20)	(1.72)	(1.41)
Indurstry	Control	Control	Control	Control
Year	Control	Control	Control	Control
_cons	4.388*	3.949	1.984	2.945
	(1.81)	(1.29)	(0.41)	(0.76)
N	627	444	183	507
Pseudo R^2	0.090	0.077	0.213	0.136

注：***、** 和 * 分别表示 1%、5% 和 10% 的显著性水平。

但是，由于全样本中“并购不成功”包含了企业“自行终止”的情况，而这部分样本很可能是管理者倾听市场声音的结果，导致市场反应与并购不成功两者之间存在较强的内生性。为了结果的稳健，本章剔除掉这部分“自行终止”的样本（共 120 个），然后对其余样本重新回归，结果表明尽管系数的显著性有所下降，但仍在 10% 的水平上显著为负，充分说明预案公告时的市场反应越差，并购成功的可能性越小。

因此，本章初步认为，尽管存在非理性行为，投资者在预案公告时的股价信息仍能为企业决策者传递有价值的信息，当市场反应较差时，企业决策者应予以关注。

4.3 本章小结

本章以手工整理的2008~2014年发生的636个重大资产重组事件为样本，以预案公告日为事件日（第0天），以事件日前后各30天的交易日即[-30，30]为事件窗口，按照市场调整法对重大资产重组事件带来的短期市场反应进行了测算，结果发现：事件公告日当天投资者平均获得了5.26%超额收益率，说明投资者对重大资产重组事件的反应较为强烈；在[-30，30]的窗口期内，重大资产重组事件总体为投资者带来了11%的累计超额收益率，其中最高值发生在事件日后第9天，达到16.9%，说明企业的重大资产重组短期内能为股东带来巨大的财富效应，同时也说明投资者对重组事件的市场预期整体偏高；公告日前三天（即[-3，-1]）累计产生的超额收益约为3%，说明重组事件存在较严重的信息泄露，未公告的信息被市场提前捕捉的程度较高，暗含着我国重大资产重组中仍存在较严重的内幕交易；事件公告日之后CAR出现小幅上涨，之后开始处于比较平缓的状态，在事件日后第10天左右呈现下降态势，这意味着投资者对待重组事件在短期内反应不足（Under-reaction），但长期来看反应过度（Over-eaction）。

为了充分揭示重大资产重组事件对市场的影响，合理估计股价中关于重组事件的信息含量，本章进一步按照事件窗口大小细分为[-30，-20)、[-20，-10)、[-10，-5)、[-10，10]、[-5，5]、[-1，1]等子窗口，通过对不同的子窗口期进行计算和分析，最终选择[-10，10]的时间窗作为重大资产重组事件短期市场反应测度的合理事件窗口期。

为考察全流通背景下重大资产重组事件市场反应（CAR）的影响因素，本章依据已有研究成果，并结合重大资产重组的交易特征，对多个因素进行了系列单变量分析，结果发现：从公司市场价值来看，公司市场价值与市场反应亦呈现反方向变化；从公司的自由现金流量来看，现金流量越充足，市场反应越差；从重组方式来看，资产置换方式的市场反应均值最大，为25.81%，资产收购方式次之，为17.57%，而资产剥离与吸收合并方式相对较低，仅分别为7.11%和5.32%；从支付方式来看，仅采用现金支付方式时CAR的均值最低，仅为6%，且在1%的水平上显著低于股票支付方式的16.6%（$t=-3.22$）；从公司是否属于ST来看，ST组的市场反应均值与非ST组相比显著高出7.46%（$t=2.38$，$p=0.017$）；从重组公司所属市场类型来看，深圳中小板的重组事件所获得的市场反应最大，为22.64%，上海主板次之，为17.36%，而深圳主板和创业板的均值相对较低，分别为13.68%和6.35%。在多元回归分析中，公司规模（Size）、公司市值（TobinQ）、支付方式（PayType_dum）均与短期市场反应之间显著为负；与资产剥离类重组相比，资产收购、资产置换以及吸收合并三种类型的短期市场反应并没有显著的差异；短期市场反应在各市场类型间存在明显差异。

最后，结合我国重大资产重组的特殊制度背景，通过考察预案公告时的短期市场反应与并购成功的可能性之间的关系，本章初步证明了资本市场的股价信息具有一定的信息含量，值得企业决策者关注。

通过本章的分析，发现重大资产重组事件的停牌机制在一定程度上抑制了内幕交易的发生，预案公告日附近的市场反应较能真实地揭示投资者的市场预期，但仍然存在信息提前泄露的情况

（如资产置换方式的重组事件和创业板块的重组事件）。根据证监会发布的2013年证券期货稽查执法情况，在查处的158起内幕交易案件中，主要内幕信息仍为重大资产重组信息[①]，这说明我国重大资产重组的信息披露制度仍待加强。

本章的研究目的是为了分析投资者在重组预案公告的短期市场反应状况，并为后续章节的进一步分析奠定基础。

① 内幕交易多涉重大资产重组信息．http：//finance.people.com.cn/stock/n/2013/1125/c67815－23640065.html.

第5章

管理层倾听市场的声音吗?

——基于预案公告时市场反应的分析

当前，我国正处于产业结构调整和转型升级的关键时期，在一系列利好政策的刺激下①，我国资本市场的并购重组如火如荼。据《每日经济新闻》的报道，2014 年我国 A 股并购市场无论是交易数量还是交易规模，都呈现“井喷”的现象，上市公司公告的交易案例数量超过 4450 起，披露交易规模 1.56 万亿元，涉及上市公司超过 1783 家，较 2013 年同期分别增长 274% 和 210%②。但与此同时，并购终止的现象也屡见不鲜，据相关资料，2013

① 如:《上市公司重大资产重组管理办法》(2011 年修订)、《关于进一步加强企业兼并重组工作的通知》(工信部产业〔2012〕174 号)、《关于加快推进重点行业企业兼并重组的指导意见》(工信部联产业〔2013〕16 号)、《关于进一步优化企业兼并重组市场环境的意见》(国发〔2014〕14 号) 等。

② 2014 年 A 股并购案例超 4450 起. http://finance.eastmoney.com/news/1353,20150119469004054.html.

年共有近120家上市公司发布了并购重组停止实施和失败的公告[①]，截至2014年11月底已有80余家上市公司终止并购[②]。那么，企业为什么会选择终止经过精心策划的并购方案呢？

并购终止意味着企业放弃并购计划，其个中原因不能一概而论。目前国内关于并购终止的文献较少，国外学者对这一现象多从并购后的市场反应予以解释，大量研究证明当并购公告时市场反应较差时，企业更有可能选择终止（Luo，2005；Kau et al.，2008；Chen et al.，2007；Masulis et al.，2009；Chikh and Filbien，2011；Liu and McConnell，2013），这说明在并购公告之后，企业决策者会关注市场股价的波动状况，在进一步决策中（是否终止）会倾听市场的声音。我国资本市场发展较晚，且长期以来散户起着主导作用，股价信息对公司决策的作用仍然存疑。特别是，“重组题材股”历来是我国A股市场永恒的炒作主线，市场投资者情绪极易导致股价的非理性波动（谭跃和夏芳，2011；张庆和朱迪星，2014；蒋玉梅，2014等），且本书第4章研究也发现在重大资产重组中投资者存在过度反应的现象。那么，我国上市公司自行终止决策是倾听市场声音的结果吗？如果是[③]，是什么原因导致管理层愿意倾听市场的声音？

① 重组成功与否需看大股东实力．http：//gzdaily.dayoo.com/html/2014－03/27/content_2579449.html.

② 盘点2014年上市公司终止并购案例及终止原因．http：//finance.jrj.com.cn/biz/2015/01/06085718652067.shtml

③ 例如山东黄金在2013年6月29日公告了重组方案后，市场投资者“用脚投票”，在复牌日后股价出现连续大跌，最后公司在12月27日终止了此次重组。

5.1 理论分析与假设提出

5.1.1 市场反应与企业并购终止决策

早在1945年，Hayek就提出了价格作为信息来源的重要性。大量研究表明资本市场的股价信息有利于引导资本的有效配置、优化企业的投资决策（Grossman，1976；Dow and Gorton，1997；Subrahmanyam and Titman，1999；Wurgler，2000；Chen et al.，2012；游家兴，2008；杨继伟，2012；于丽峰等，2014），其主要原因在于股价承担着信息角色（Bond et al.，2012），即股价具有信息含量（Stock Price Informativeness）。

信息是现代资本市场最核心的要素，一般而言，影响股票价格波动的信息来自市场层面、行业层面与公司层面等三个方面，其中公司层面的特质化信息被认为是决定股价波动的最主要因素之一（Campbell and Lettau，1999），具体包括上市公司发布的公共信息和市场投资者搜集的私有信息（Roll，1988）。尽管企业管理者作为内部人和公司信息的发布者，掌握着公司内部的所有信息，但外部投资者仍然可能拥有一些增值信息。因为包括机构投资者和分析师等在内的市场总体很可能拥有更多的信息优势，并获取到管理者不完全知晓的私有信息（Dye and Sridhar，2002），这些信息最终汇集在股价中并被股价所反映。当股价中含有的市场投资者的私有信息越多时，管理者依据股价信息越有助于做出正确的决策，特别是当存在较大的不确定性时，管理者更有动机从资本市场的股价中获取对决策有用的信息（Bond et al.，2012）。因此，信息在资本市场和上市公司之间应该是一个双向流动的过程：一方面，资本市场的投资者通过获取上市公司公告的财务和投融资等信息（包括公共信息和私有信息）对股票进行估值，并最终反映在股价上；另一方面，上市公司的决策者会主动关心资本市场的股价信息，并据此进行合理的投融资决策（Dye and Sridhar，2002）。

在并购中，随着并购方案的公告，并购的相关信息通过如下两个途径进入资本市场并被股价所反映：首先，上市公司公布的并购事件的公共信息随着方案的公告进入股价；其次，投资者根据并购公告的公开信息，利用自己的信息优势及市场评价对并购方案做出合理的判断，并据此进行交易，进而影响股价。因此，并购公告后股价波动的根源在于并购事件所传递的特质化信息。一般来说，如果市场及投资者认可上市公司的并购行为，并认为并购行为未来能够为上市公司带来一系列协同效应，上市公司股价通常会在并购事件宣告后有明显的增长；反之，当企业的并购决策不符合股东利益时，上市公司股价则会下跌。根据信息价格传递机制理论，利好消息将导致股票价格上涨，而利空消息将导致股票价格下跌。可见，富含信息的股价传递了关于公司并购决策质量有用的信号。

同时，在并购决策的制定中，企业管理者所依据的信息并非仅仅局限于公司内部的基本面信息，更多的是来源于企业外部的相关信息，如在对并购目标公司的价值、合并后的协同效应以及行业的未来前景等方面进行估计时，公司外部的信息显得至关重要（Bond et al.，2012）。此时，相对企业内部的管理者而言，投资者可能会具备更多的信息优势，他们可能更熟悉有关并购交易的国内外宏观环境、行业前景和公司竞争者的关键信息，并能对并购方案的未来价值做出更合理的评价。因此，从管理者的角度来看，在并购中企业管理者更加有可能关注市场上的股价波动状况，如果并购方案公告后的市场反应较差，管理者会对并购方案进行重新评价，并进而决定是否终止并购。

依据前述分析，在并购方案公告后管理者可能会倾听市场的声音。国外学者利用国外数据已对这一现象进行了相关研究。Jennings and Mazzeo（1991）首次研究了并购公告后的股价信息（市场反应）对企业并购终止决策的影响，指出并购公告后市场的股价波动是有价值的公共信息资源，但作者在经验证据上未能证明并购后的股价波动影响了管理者的并购决策，作者认为管理者将根据自己的私有信息和市场的公共信息进行综合权衡后做出决策，并解释当管理者过度自信时会加大对私有信息的权重而忽视市场投资者的公共信息。Luo（2005）认为企业并购决策往往由公司少数高管和财务顾问制定，但包括机构投资者和分析师等的市场总体很可能拥有更多的信息优势，他们了解有关并购交易的国内外宏观环境和行业前景的关键信息，或者他们有更高超的分析能力，能够发现管理者判断错误和遗漏的地方。作者通过构建模型证明了并购公告的市场反应与企业随后的并购决策（是否终止）之间的关系，并实证发现并购方案公告后的股价异常下跌是导致并购自行终止的重要影响因素，并购公告的市场反应能够预测一项并购活动是否会得以继续，证明了并购公告后的市场信息是有价值的信息资源。其后，国外众多学者通过实证研究证明了公司管理者在并购预案公告后会关心市场的波动情况，并据此做出下一步决策（Chen et al.，2007；Paul，2007；Kau et al.，2008；Masulis et al.，2009；Chikh and Filbien，2011；Liu and McConnell，2013）。

在我国重大资产重组的实践中，按照相关政策，上市公司在重大资产重组计划实施之前应及时停牌，待重组预案公告时复牌。这意味着，在停牌等待期投资者有机会搜集信息并获取关于重组事件的私有信息，在重组预案公告并复牌时，随着公共信息的发布，投资者会根据私有信息对重组事件的未来收益做出合理判断，其判断结果将直接反映在股价上，即如果投资者预期重组事件是利空消息，股价呈现下跌趋势，反之则上升。因此，投资者经过停牌期的长期等待后，并购重组公告时股价波动的根源是重组事件的特质化信息，也就是说，我国重组预案公告时的股价波动应具有信息含量。同时，按照政策规定，我国重大资产重组预案公告后还需通过股东大会和证监会审议通过方可实施，意味着公告后重组能否成功仍存在较大的不确定性，这将促使企业决策者有动机关注预案公告时的股价信息。为此，本书提出如下待检验假设：

假设 5 - 1：并购重组预案公告后，管理层会倾听市场声音，即当预案公告时市场反应越差，企业越有可能选择终止并购。

5.1.2 管理层倾听市场声音的原因分析

并购预案公告后，市场反应代表了流通股东通过市场交易表达的意见及意愿的满足程度，如果管理层倾听市场声音，那是什么原因导致的呢？本部分将基于公司治理的视角从管理者代理问题、大股东利益、机构投资者监督等多个维度进行探讨。

5.1.2.1 管理者代理问题视角

代理问题一直是并购研究的一个热点话题。Jensen and Meckling（1976）系统地阐述了代理问题，认为代理问题产生的根源在于所有者和管理者之间的合约不可能无代价地签订和执行。代理理论（Jensen，1983）认为由于管理者与股东之间存在利益冲突，管理者为了实现个人利益最大化会损害公司利益，当一项投资为管理者带来更大的个人利益时，管理者宁愿牺牲股东的利益进行投资。

并购作为企业中的一项重要投资活动，代理冲突的问题更加严重，大量证据表明：管理者的自利行为是推动公司并购的主要治理因素，而且这些并购行为总体上是损害企业长期价值的（Morck et al.，1990；Moeller et al.，2005；Masulis et al.，2007；Halford and Li，2007；Harford et al.，2012）。Masulis，Wang and Xie（2009）研究发现，并购公告后市场反应越差，企业管理者越有可能终止并购，但是企业的代理冲突将减弱这种负相关关系，证明了代理冲突会影响管理者倾听市场声音。我国上市公司大多由国有企业改制而来，所有者缺位的问题并未从根本上得到解决，导致上市公司运作中出现内部人控制以及关键人模式，在这一制度背景下，管理者代理问题也许更为突出。韩立岩和陈庆勇（2005）通过实证检验企业并购与高管薪酬之间的关系，发现并购前后公司绩效没有显著提高，而高管薪酬却显著增加，这意味我国企业并购中存在较为严重的代理问题。

根据Jensen and Meckling（1976）的理论，管理者与所有者为同一主体时其代理成本将消失。因此，为了降低管理者与股东之间的代理问题，不少学者提出应给予高管一定的股权激励，以激励管理者为股东利益最大化而努力工作。当公司高层管理人员持股比例越高，其代理动机就越小（Kau et al.，2008）；李善民和朱滔（2005）也发现管理者持股是对管理者代理行为的有效约束；李善民等（2009）的研究进一步证实尽管中国管理者持股水平相对较低，但的确能够适当缓解高管以谋取私利为目的而发动毁损股东价值的并购行为。

一般而言，公司并购是管理者对个人利益和公司市场价值两者进行权衡之下采取的战略决策。Alchian and Demsetz（1972）和Jensen and Meckling（1976）指出股价信息能够起到监督管理者的作用，进而影响管理者的决策，其原因在于管理者的个人利益（如薪酬、职位升迁、名誉）多与股价直接相关。那么，在管理者持股的情况下，管理者的个人利益将与股价更加息息相关，当股价下跌时，管理者个人利益受损，管理者的决策行为将依据股价予以调整。Liu and McConnell（2013）实证研究证明，如果并购公告时市场反应较差，管理者的持股比例与并购终止决策显著负相关，其解释是管理者期待终止并购能弥补并购公告股价下跌带来的利益损失。因此，按照代理理论的观点，管理者持股比例越大，管理者越有可能倾听市场的声音。

但管理主义理论与代理理论的观点相反，该理论假定管理者的报酬是企业规模的增函数，而并购作为扩大企业规模和重新配置资源的最快捷方式，为管理者建立企业帝国提供了一个重构权力和薪酬的机会。在该逻辑下，管理主义理论认为，管理层对于权力和报酬追求的动机代替了对利润的追求，他们有动机通过并购来提高自己的知名度、地位、控制力、报酬等个人利益，从而忽视企业股东利益（Muller，1969；Amihud and Iev，1981）。管理者在个人利益最大化的驱动下，可能会将公司规模扩大到最优规模以上（Jensen，1986）。张铁铸和沙曼（2014）在研究中采用管理层持股比例作为管理者在所有权权力方面的替代变量，认为管理层持有公司股票比例越高，其双重身份特征决定了其权力越大。因此，根据管理主义理论的观点，当管理者持股比例较大时，管理者利用自身的权力使得管理者有能力影响甚至决定公司的重大投资活动，以谋求自我利益的最大化，解决代理冲突的股权激励契约反而成为代理问题的另一种体现，从而加重了代理冲突。

根据上述分析，管理者持股对并购决策的影响在两种理论（代理理论和管理主义理论）上存在分歧，为此，本书提出如下两个相互对立的假设：

假设 5－2a：在其他条件不变的情况下，管理者持股比例越多，企业越有可能倾听市场的声音。

假设 5－2b：在其他条件不变的情况下，管理者持股比例越多，企业越不可能倾听市场的声音。

5.1.2.2　大股东利益视角

Shleifer 和 Vishny（1997）较早发现当公司股权相对集中时，大股东有可能利用手中的权力为自己谋取控制权私人收益，从而衍生出另一类代理问题，即大股东与中小股东的利益冲突。La Porta et al.（1999；2002）进一步指出，在大多数国家的大公司中，最主要的代理问题不是股东和管理者的冲突，而是控股股东与中小股东的利益冲突。在股权集中的情况下，大股东会利用其控制性地位，通过关联交易、资产并购等手段将上市公司的现金资源和利润转移到大股东及其附属公司中，从而侵害中小股东的利益，形成大股东与中小股东之间的代理问题。在新兴市场上，这类利益冲突与代理问题尤其严重（Faccio et al.，2001；Claessen et al.，2002；Lins，2003），原因在于新兴市场中各种治理机制对中小股东的保护措施或者不够，或者没有效率。Morck et al.（2000）和 Wurgler（2000）研究了股票价格信息含量与国民经济发展的关系，他们发现如果一个市场缺乏完善的对中小投资者利益实施保护的法律体系，大股东的利益侵占问题会大大降低股票价格的信息含量，从而弱化该国资本市场的资源配置功能。

大股东控制权私有收益的攫取实质上是大股东在使用控制权实现自身利益集团福利最大化过程中，对控制性资源和中小投资者财富的重新分配（郝颖等，2006）。Tim（2003）针对控制权私有收益与股东代理人投资决策之间的关系进行了研究，实证发现控制性股东通常对留存收益的投资比对常规资本预算中的项目投资要求更高的回报率。并购作为资源分配的重要形式，无疑成为大股东私人利益获取的主要渠道，无论是在并购前还是在并购后，大股东均有动机监督和干预管理者的决策行为（Wu, 2004）。Kau et al.（2008）在研究中将管理者决策按照是否倾听市场声音分为两组，通过对比分析发现，倾听市场声音的分组中第一大股东持股比例显著较高，验证了大股东持股在并购时对管理层决策的监督和约束作用。冯根福和吴林江（2001）在研究中指出，第一大股东持股比例越大，越容易对本公司的并购活动进行控制和操纵。因此，在并购预案公告后，如果市场反应较差，对于持股比例较大的股东而言，其利益将直接受损，这将促使大股东干预管理者的并购决策。特别是在我国股权分置改革完成之后，股东利益与公司利益联系更加紧密，促使股东更加重视公司股价的变化。故本书提出如下假设：

假设5-3：在其他条件不变的情况下，第一大股东持股比例越高，越有可能倾听市场的声音。

5.1.2.3 机构投资者监督视角

已有研究发现，机构投资者通过资源和专业知识优势，可以有效监督公司管理层的行为并影响公司决策，并能减少管理者的机会主义和自利行为（Bushee, 1998; Koh, 2003）。在重组预案公告后，本书认为机构投资者可以从如下两个渠道影响管理者的并购决策行为：

（1）机构投资者的信息监督角色。为了提高市场整体信息质量，我国证券市场的监管者一方面对缺失的市场机制进行完善，建立涵盖审计师、证券分析师、财务顾问、律师等在内的健全的信息披露市场监督体系；另一方面大量引入机构投资者，寄望于他们能够发挥专业研究能力并提高市场信息效率。一般认为，机构投资者由于资金、专业以及人才等优势，与散户相比，具有更强的信息解读能力（Lakonishok et al., 1992; Cohen et al.，2002），他们能够有效利用公司公告信息和其他信息，并根据分析得到的公司私有信息进行交易，其持股变化情况可以向市场传递信息，这部分信息最终将反映在股票价格中去，客观上也就提高了股价信息含量（Chakaravarty，2001）。Piotroski and Roulstone（2004）实证研究发现美国较大规模机构投资者的出现，增加了股票价格中体现公司特定信息的信息含量。侯宇和叶冬艳（2008）运用中国股票市场的数据，研究发现我国机构投资者增加了股价中的公司特质信息含量。王亚平等（2009）、王咏梅和王亚平（2010）、尹雷（2010）的经验研究均表明，机构投资者的持股有助于提高股票市场的信息效率。可见，从股价信息的角度来看，当上市公司并购前机构投资者持股比例较多时，在一定程度上提高了上市公司的股价信息含量，如果公司在并购预案公告后市场股价发生较大波动，将促使管理者从股价波动中捕捉信息。Chen，Harford and Li（2007）验证了重组预案公告后，机构投资者对企业并购决策的影响作用，结果表明机构持股能有效地干涉管理者的并购决策，当市场反应不好时，机构持股增强了企业终止并购的可能性。

（2）机构投资者的投票监督权。按照《上市公司重大资产重组管理办法》（2008），上市公司在重组预案公告后应在 30 日内召开股东大会审议重组预案，只有经股东大会出席会议的股东所持表决权的 2/3 以上通过后，重组议案方可提交证监会审核或核准；股东大会应以现场会议形式召开；应当提供网络投票和其他合法方式为股东参加股东大会提供便利；重组事项与本公司股东或者其关联人存在关联关系的，关联股东应当回避表决。这些政策规定为中小股东积极参与公司并购决策并保护自身利益提供了保障：首先，在关联股东回避表决机制下，由于重大资产重组多属于关联交易，如果存在大股东回避表决的情况，中小股东可能会在股东大会上起到“四两拨千斤”的效果；其次，在网络投票方式下，中小股东行使表决权更加便利，孔东民等（2013）的研究发现网络投票的确可在一定程度上发挥中小股东监督或参与公司决策的作用；最后，议案需通过2/3的表决权，这在一定程度上提高了议案被审议通过的难度。因此，在我国重大资产重组中，中小股东能较好地通过表决权参与管理者的决策，而机构投资者作为中小股东中核心力量，将是并购博弈中的边际议价者。2013年6月28日大商股份（600694）的重大资产重组预案在股东大会上被否的案例也佐证了机构投资者的博弈能力①。那么，在并购重组决策中，机构投资者能否参与决策保护中小股东利益，并最终影响管理者的决策行为呢？

关于机构投资者参与公司治理并是否会保护中小股东的利益存在两种相反的观点：有效监督假说和负面监督假说。有效监督假说认为，机构投资者因拥有信息优势和持股比重较高，在重大决策时可以制衡大股东的力量，从而保护中小股东的利益不受大股东剥削（Bertrand and Mullainathan，2001；Carleton et al.，1998）。余军（2010）研究了我国上市公司股改事件中机构投资者的投票权对中小股东的利益保护问题，结果发现机构投资者的投票权有利于流通股东的利益实现。但是负面监督假说则认为，机构投资者与中小流通股东的利益不尽一致，为了谋取私利，机构投资者可能会与上市公司的管理层合谋，在对公司治理的重大事件（如兼并、收购等）行使投票权时，也会更倾向于支持公司管理层的决策（Pound，1988）。傅勇和谭松涛（2008）从内

① 在大商股份重组案中，代表管理层利益的第一大股东大商国际持股比例为8.8%，但由于关联交易回避表决，致使持股比例为28.12%的机构投资者拥有较强的话语权。

幕交易的角度分析了股改事件中机构投资者与管理层的合谋行为，认为机构投资者利用内幕交易进行了合谋并获得额外收益。黎文靖等（2012）研究也发现，机构投资者并没有起到约束大股东的作用，可能更多的是与大股东合谋。基于上述认识，本书提出如下两个对立假设：

假设5－4a：在其他条件不变的情况下，机构持股比例越多，企业越有可能倾听市场的声音。

假设5－4b：在其他条件不变的情况下，机构持股比例越多，企业越不可能倾听市场的声音。

5.2 数据来源与研究设计

5.2.1 样本选择与数据来源

依据本章的研究假设，在第4章样本的基础上进一步对样本进行了如下筛选处理：（1）如果一家公司在同一年发生两次以上重组预案公告，只保留第一次的事件；（2）对金融业的样本进行了剔除；（3）删除了重组后退市的样本；（4）删除了财务和公司治理数据缺失的样本，最后得到了599个有效样本[①]。依据我国重大资产重组的阶段性特征，本书对这部分样本按照重组预案的实施结果（成功完成或终止完成）进行了分类，详见表5－1。

① 如果一家公司在第一次重组失败后，修改重组预案并在次年重新开始重组，视为两次单独的事件。

表 5－1　　　　重组预案实施结果的分类

重组结果	具体分类	N	失败样本占比	总体样本占比
成功完成	证监会审核通过	433	–	72.29%
终止完成[a]	被迫终止	49	29.52%	8.18%
	其中：股东大会否决	13	7.83%	2.17%
	审核未通过	36	21.69%	6.01%
	自行终止[b]	117	70.48%	19.53%
	其中：未召开股东大会	66	39.76%	11.02%
	撤销审核申请	41	24.70%	6.84%
	其他[c]	10	6.02%	1.67%
	小计	166	100%	27.71%
合计	–	599	–	100%

数据来源：根据 Wind 资讯的上市公司公告数据库手工整理。

注：a. 按照相关政策，我国上市公司的重组失败（或终止）会存在于三种情况：第一种是并购方案被股东大会否决而被迫终止；第二种是重组未通过证监会审核或核准而被迫终止；第三种是上市公司自行终止。

b. 自行终止是指上市公司自愿选择终止重组，大多存在两种情况：一是预案公告后未召开股东大会即宣告终止；二是向证监会提交审核申请后宣告终止并撤销申请。

c. 其他主要是指因重组申请未被证监会受理导致股东大会议案过期或者重组申请被暂停审核引起重组终止的情况。

从表 5－1 可知，在全样本中，共有 433 个样本并购成功，占总样本的 72.29%；共有 166 个样本最终未获成功，占总样本的 27.71%，说明在我国重大资产重组中，并购不成功的比率较大。在所有并购终止①的 166 个样本中，属于被迫终止有 49 个，

① 并购终止（Acquisition Termination）与并购失败（Acquisition Failure）在概念上并不完全一致，并购失败通常是指并购完成后并购企业的合并绩效不理想，而并购终止强调的是并购最终没有完成。但在本书中，并购终止有时也被称为并购失败或并购不成功。

约占失败样本的30%，占总样本的8%；属于上市公司自行终止的有117个，约占失败样本的70%，占总样本的20%。进一步对自行终止的166个样本进行分析，发现有66个样本（约40%）属于在预案公告后未召开股东大会即宣布终止的情况。

表5－2对总样本、终止样本以及自行终止样本的年度分布状况进行了列示。从并购的总样本来看，与第4章样本的趋势基本一致，2008～2012年间各年的比例大致相当，但在2013年和2014年出现急剧增多。从失败和自行终止样本来看，前四年的比例较高，后三年相对较低，其中2014年的终止比例最低，说明整体来看，并购重组的成功率越来越高。

表5－2　　　　样本年度分布状况

year	总样本		终止样本		自行终止样本	
	数量	比例（%）[a]	数量	比例（%）[b]	数量	比例（%）[c]
2008	76	12.69	25	32.89	15	19.74
2009	88	14.69	33	37.50	23	26.14
2010	65	10.85	24	36.92	13	20.00
2011	63	10.52	21	33.33	13	20.63
2012	74	12.35	13	17.57	8	10.81
2013	132	22.04	34	25.76	22	16.67
2014	101	16.86	16	15.84	13	12.87
合计	599	100	166	27.71	107	17.86

注：a的比例是指每年总样本数量与总样本合计数的比值。

b、c的比例分别是指失败样本和自行终止样本的数量与当年的总样本数量的比值。

本章所涉及的有关重大资产重组的数据均依据Wind资讯的上市公司公告数据库手工整理获得，机构持股比例来源于Wind资讯数据库，其余财务数据、公司治理数据均来源于国泰安

（CSMAR）数据库。为了控制变量异常值的影响，本书对连续变量均进行了上下 1% 水平的 Winsorize 处理。

5.2.2 研究模型及变量定义

5.2.2.1 研究模型

为检验假设 5－1，由于 Y 为二分类变量，本书借鉴 Kau et al.（2008）和 Liu et al.（2012），构建如下 Logist 回归模型：

$$Prob\ (Y=1)\ =\alpha+\beta_1 CAR_D+\sum\beta_{2i}Control_i+\varepsilon \qquad (5-1)$$

其中，Y 为并购决策的哑变量，CAR_D是并购预案公告时的市场反应，Control 是由多个控制变量构成的向量，各变量的具体定义见表 5－3。

为检验假设 5－2a 和假设 5－2b，在模型（5－1）中引入管理者持股比例变量，以及管理者持股比例和市场反应的交乘项，重新构建如下回归模型：

$$Prob(Y=1)\ =\alpha+\beta_1 CAR_D+\beta_2 MagStk+\beta_3 CAR_D\times Magstk+\sum\beta_{4i}Control_i+\varepsilon \qquad (5-2)$$

为检验假设 5－3，在模型（5－1）中引入大股东持股比例变量，以及大股东持股比例和市场反应的交乘项，重新构建如下回归模型：

$$Prob(Y=1)\ =\alpha+\beta_1 CAR_D+\beta_2 ShrStk+\beta_3 CAR_D\times ShrStk+\sum\beta_{4i}Control_i+\varepsilon \qquad (5-3)$$

为检验假设 5－4a 和假设 5－4b，将在模型（5－1）中引入机构投资者持股比例变量，以及机构投资持股比例和市场反应的交乘项，重新构建如下回归模型：

$$Prob(Y=1)\ =\alpha+\beta_1 CAR_D+\beta_2 InsStk+\beta_3 CAR_D\times InsStk+\sum\beta_{4i}Control_i+\varepsilon \qquad (5-4)$$

为控制上述模型中交乘项带来的共线性问题，本书对交乘项均进行了中心化处理。

5.2.2.2　变量的定义与测度

（1）被解释变量——Y。

Y 代表并购重组公司在预案公告后的并购决策，存在两种选择：终止并购和继续并购。

依据表 5－1，在我国重大资产重组的实践中，并购终止包含自行终止和被迫终止（包括股东大会否决和证监会审核未通过）两种情况，但由于本书重点研究的是并购重组预案宣告之后的管理层的决策行为，而被迫终止不属于管理层的决策行为，故这部分样本在终止之前应视为企业继续并购。

此外，管理层自行终止分别包括三种情况：未召开股东大会、撤销审核申请和其他（见表 5－1），“撤销申请”和“其他”两种情形均是指重组预案已通过股东大会表决、进入证监会审核阶段，终止原因中包含较多监管方面的影响，不利于本书的研究目的。图 5－1 对主要重组结果（包括成功完成、被迫终止、未召开股东大会、撤销申请四种情况）在事件日前后 30 天的 CAR 值进行了列示，从图中可以清晰地看到，成功完成组和失败完成组相比，最后并购成功的样本在事件公告日后，其市场反应显著较高；在终止样本中，未召开股东大会的样本在公告日后其市场反应最低，而撤销申请与被迫终止两种情况较为一致，且都高于未召开股东大会的样本组，这也间接说明撤销申请与被迫终止的市场反应较好，因此才会被提交到股东大会审议。

为此，为更准确地考察市场反应对企业管理层决策的影响，本书重点关注股东大会召开前的管理层决策，将并购决策界定为：企业在公布重组预案后、未召开股东大会之前选择自行终止时，Y 取值为 1，否则取 0。

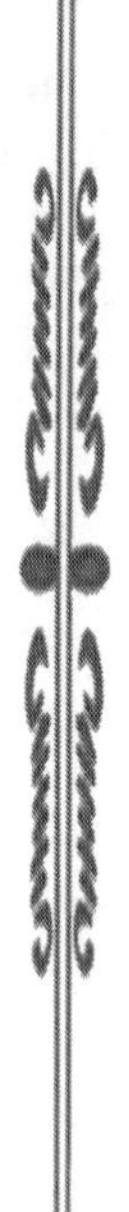

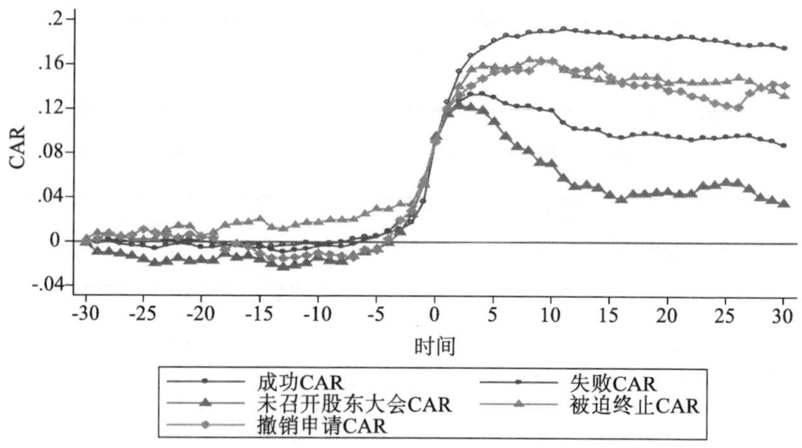

图 5-1 事件窗口期各重组结果的 CAR

（2）主要解释变量。

①CAR_D：代表预案公告时的市场反应，根据第 4 章的研究结论，本章采用［-10，10］的事件窗口期计算的累计超额收益率作为预案公告时的市场反应。

②管理者持股比例：以并购前一年的董事长持股数量总和与公司总股本标准化后的指标作为代理变量。

③大股东持股比例：以并购前一年的第一大股东持股数量总和与公司总股本标准化后的指标作为代理变量。

④机构持股比例：本书的机构投资者主要是指证券投资公司、基金公司、保险公司、社保基金以及 QFII，以并购公告前一季度的机构投资者持有股份总和与公司流通股总数的比重作为机构持股比例。

（3）控制变量。

在借鉴国外文献的基础上（Paul，2007；Chen et al.，2007；Kau et al.，2008；Masulis et al.，2009；Chikh and Filbien，

2011；Liu and McConnell，2013），控制变量的选择主要包括交易特征和公司特征两大类：

①并购交易特征。在国外研究中，影响并购成功的交易方面的因素通常包括支付方式、是否要约收购、交易地位、是否善意收购、目标公司终止费、目标公司是否为上市公司、目标公司规模，等等。结合我国重大资产重组事件的特殊性，本章主要选择三个交易特征方面的变量，分别是：是否为关联交易（Relevance）、支付方式（PayType）和交易地位[①]（Position）。

②公司特征。在公司特征方面，主要包括企业规模（Size）、托宾 Q（TobinQ）、资产回报率（ROA）、现金流比率（CFlow）等公司财务指标，以及董事会规模（BoardSize）、股权制衡（Disp）、独立董事比例（Outsize）、董事长总经理兼任（Cirplum）等公司治理指标，同时为控制企业的产权性质，考虑了企业性质变量（State）。为控制内生性的影响，公司财务与公司治理变量均采用滞后一期的数据。

最后，为控制年度和行业的影响，分别设置年度哑变量和行业哑变量。年度哑变量是以 2008 年为基准年度，设置 Year2009、Year2010、Year2011、Year2012、Year2013 和 Year2014 六个年度哑变量。对于行业哑变量的设置，本章首先对样本数不足 10 个的行业进行了合并处理，然后参照年度哑变量的方法分别设置各行业哑变量。

各变量的具体定义见表 5 - 3。

① 由于重大资产重组中通常涉及的买卖方较多，对于交易地位的确定，本书根据重组方式进行判断，如果属于资产收购类和资产置换类，均视为买方；属于资产剥离类，视为卖方；如果是吸收合并类，由于本章样本删除了重组后退市的被合并上市公司，本书将吸收合并类也视为买方。

表 5-3　　变量的定义

变量	简写	定义
并购终止决策	Y	预案公告后股东大会表决前自行终止时为 1，否则为 0
预案公告时的市场反应	CAR_D	预案公告时［-10，10］的累计超额收益率
是否关联方交易	*Relevance*	哑变量，关联方交易时取 1，否则取 0
支付方式	*PayType*	哑变量，仅为现金支付时取 1，否则取 0
交易地位	*Position*	哑变量，上市公司为买方时取 1，否则取 0
企业规模	*Size*	总资产的自然对数
托宾 Q	*TobinQ*	企业市场价值/账面价值
资产回报率	*ROA*	净利润/总资产
现金流比率	*CFlow*	经营活动现金流量净额/总资产
董事会规模	*BoardSize*	董事会人数
股权制衡	*Disp*	第一大股东比例/第二至第十大股东持股比例之和
独立董事比例	*Outsize*	独立董事人数/董事会总人数
董事长总经理兼任	*Cirplum*	哑变量，董事长总经理为同一人时为 1，否则为 0
产权性质	*State*	哑变量，国企为 1，否则为 0
管理者持股比例	*MagStk*	董事长所持股份的比例
大股东持股比例	*ShrStk*	第一大股东所持股份的比例
机构持股比例	*InsStk*	并购公告前一季度的机构投资者持有股份总和与公司流通股总数的比例
行业虚拟变量	*Industry*	哑变量，当处于该行业时为 1，否则为 0
年度虚拟变量	*Year*	哑变量，当处于该年时为 1，否则为 0

5.3 实证结果分析

5.3.1 描述性统计

表5－4对主要变量进行了描述性统计。平均来看，总体样本在预案公告时的市场反应（CAR_D）为17.3%，说明投资者整体对并购重组方案给予了较强的市场反应，间接证明了重大资产重组事件的短期财富效应较大。同时，在表中也可以看到：重大资产重组多属于关联方交易，约占总样本的60%；在重组中企业采用现金支付方式的仅为14%；在重组中，上市公司多属于买方地位，约占90%；重组公司中48.2%属于国有企业。从公司财务指标来看，资产规模的标准差不大，说明样本公司间资产规模比较均衡；Tobin's Q最大值为29.49，最小值仅为0.12，意味着各公司间的市值相差较大；净资产收益率的均值仅为0.7%，这表示样本公司整体盈利能力欠佳，这或许是企业实施重组的内在动力之一。从公司治理变量来看，样本公司中董事会规模平均约9人，外部董事比例为36.9%，说明董事会中独立董事的席位占了将近1/3；股权集中度最大值为51.97，最小值仅为0.25，标准差为5.516，说明各公司间股权结构差异较大，结合第一大股东持股比例也可以得出一致的结论；董事长总经理兼任的比例较大，占总样本的26.2%，说明我国上市公司中两职兼任的现象仍比较普遍。

表 5 - 4 变量描述性统计

Variables	N	Mean	Minimum	Maximum	Std. Deviation
Y	599	0.110	0	1	0.313
CAR_D	599	0.173	-0.832	1.490	0.298
Relevance	599	0.599	0	1	0.490
PayType	599	0.140	0	1	0.348
Position	599	0.893	0	1	0.309
Size	599	21.13	16.83	24.56	1.287
TobinQ	599	2.241	0.120	29.49	3.162
ROA	599	0.007	-1.003	0.254	0.137
CFlow	599	0.042	-0.262	0.281	0.086
BoardSize	599	8.768	5	15	1.724
Outsize	599	0.369	0.250	0.571	0.054
Disp	599	3.950	0.203	51.97	5.516
Cirplum	599	0.262	0	1	0.440
State	599	0.482	0	1	0.500
MagStk	599	0.055	0	0.533	0.125
ShrStk	599	0.351	0.037	0.865	0.151
InsStk	599	0.059	0	0.497	0.104

表 5 - 5 报告了模型中各变量间的 pearson 相关系数，结果显示，支付方式（PayType）为现金支付时，并购终止的可能性更小（$\rho = -0.081$）；当重组公司有足够的现金流时，并购越有可能成功（$\rho = -0.087$）。支付方式（PayType）、公司规模（Size）、公司净资产收益率（ROA）均与市场反应（CAR）显著负相关，这与本书第 3 章的相关结论相吻合。此外，董事会规模（BoardSize）与 CAR 显著负相关（（$\rho = -0.115$），说明董事会规模越大，市场反应越不好。

表 5－5　　变量的 pearson 相关系数表

	Y	CAR_D	*Relevance*	*PayType*	*Position*	*Size*	*TobinQ*	*ROA*	*CFlow*	*BoardSize*	*Outsize*	*Disp*	*Cirplum*	*State*	*MagStk*	*ShrStk*
CAR_D	-0.097*															
Relevance	-0.039	0.02														
PayType	-0.081*	-0.146**	-0.209**													
Position	0.035	-0.002	-0.029*	-0.203**												
Size	-0.016	-0.235**	0..134***	0.085**	0.085**	0.036										
TobinQ	-0.008	0.015	-0.011	-0.048	0.034	-0.457*										
ROA	0.0210	-0.104**	-0.041	0.021	0.021	0.157***	0.247**	-0.303**								
CFlow	-0.087*	-0.054	0.013	0.022	0.044	0.144**	-0.166**	0.251**								
BoardSizee	-0.042	-0.115**	0.078*	0.077*	-0.065	0.341**	-0.122**	0.021	0.048							
Outsize	-0.035	0.031	-0.033	0.000	0.064	-0.140*	0.1**	-0.05	0.001	-0.445**						
Disp	0.015	-0.037	0.082**	-0.046	-0.126**	0.174**	-0.059	-0.032	-0.038	0.013	-0.009					
Cirplum	-0.004	-0.012	-0.078*	0.011	0.108***	-0.193*	0.001	-0.065	-0.045	-0.184**	0.158***	-0.076*				
State	0.012	-0.160**	0.264***	-0.005	-0.142**	0.342**	-0.046	-0.044	0.02	0.320***	-0.124**	0.246***	-0.241**			
MagStk	-0.067	0.018	-0.305**	0.052	0.133***	-0.131*	-0.085**	0.149**	-0.063	-0.209**	0.188***	-0.184**	0.226***	-0.423***		
ShrStk	0.005	-0.063	0.005	-0.008	0.026	0.290**	-0.146**	0.102**	0.031	0.011	0.027	0.523***	-0.057	0.227***	0.025	
InsStk	-0.057	-0.191**	-0.071*	0.082**	0.137***	0.245**	-0.036	0.244**	0.161**	0.124***	-0.016	-0.159**	0.014	0.006	0.209***	0.066

注：***、** 和 * 分别表示 1%、5% 和 10% 的显著性水平。

同时本书也计算了各变量的方差膨胀因子（VIF），VIF 最大值为 1.88，通常情况下，当 0 < VIF < 10 时，则说明变量之间不存在严重的多重共线性，本章得到的 VIF 值均在 1 左右，表明各变量间不存在显著的多重共线性。

5.3.2 实证分析

5.3.2.1 市场反应与并购决策的实证分析

为检验假设 5-1，首先按照重组决策（Y）对样本进行分组，并根据分组样本对预案公告时的市场反应进行对比分析。表 5-6 列出了预案公告时的市场反应（CAR_D）在两组间的 t 检验和 Wilcoxon 秩和检验的结果，平均来看，两组间的市场反应相差约 9%，自行终止组在 5% 的水平上显著低于未终止组，可以得出初步结论，预案公告的市场反应较低时，重组预案更有可能被终止。

表 5-6 预案公告市场反应的分组检验

	Mean		Median	
	Y=1	Y=0	Y=1	Y=0
N	66	533	66	533
CAR_D（%）	9.06	18.29	10.09	13.24
Difference（%）	-9.23		-3.15	
T-test / Wilcoxon	-2.383**		-1.663*	
P 值/Z 值	0.017		0.096	

注：①Y=1 时表示重组自行终止，Y=0 时表示重组继续。

②** 和 * 分别表示 5% 和 10% 的显著性水平。

为更充分地揭示市场反应与并购决策之间的关系，进一步采用模型（5-1）进行 Logit 回归，回归结果见表 5-7。首先，对全样本进行回归，结果在表 5 - 7 的第（1）列，CAR_D的回归系数为 -1.403（$p<0.05$），表明企业终止决策与预案公告时的市场反应在 5% 的水平上显著负相关，即市场投资者的反应越低，企业越有可能选择终止并购，验证了本章的假设 5 - 1。然后，根据市场反应（CAR_D）是否大于 0 将样本分为两组后重新分组回归，结果在表 5 - 7 的第（2）和第（3）列。在市场反应小于 0 的样本中，CAR_D的回归系数为 -5.505（$p<0.05$），相比于全样本，系数的绝对值更大且仍在 5% 的水平上显著。但在市场反应大于 0 的样本中系数并不显著。这意味着只有当投资者反应较差时，企业决策者才会更加关注市场信息，进而决定是否终止并购，而当投资者反应较好时，企业的终止行为并不能从倾听市场信息的角度得以解释。这也进一步验证了本章的假设 5 - 1，即市场反应越差，企业越有可能选择终止并购。

表 5 - 7　　管理层决策与市场反应的回归分析

解释变量	(1) Prob (Y=1) 全样本	(2) Prob (Y=1) $CAR_D>0$	(3) Prob (Y=1) $CAR_D<0$
CAR_D	-1.403**	-0.792	-5.505**
	(-2.54)	(-0.98)	(-2.55)
Relevance	-0.555*	-0.258	-1.611**
	(-1.84)	(-0.65)	(-2.41)
PayType	-1.360**	-0.813	-2.118**
	(-2.31)	(-0.98)	(-2.26)
Position	0.499	1.845*	0.168
	(0.89)	(1.70)	(0.18)
Size	-0.107	-0.239	0.328
	(-0.72)	(-1.25)	(1.11)

续表

解释变量	(1) Prob (Y=1) 全样本	(2) Prob (Y=1) $CAR_D > 0$	(3) Prob (Y=1) $CAR_D < 0$
TobinQ	-0.037	-0.094	0.053
	(-0.54)	(-1.13)	(0.22)
ROA	1.199	0.993	0.489
	(0.78)	(0.51)	(0.18)
CFlow	-4.678***	-6.108***	-7.038
	(-2.61)	(-2.76)	(-1.53)
BoardSize	-0.115	-0.218	-0.016
	(-1.10)	(-1.49)	(-0.09)
Outsize	-2.832	-3.278	-0.048
	(-0.95)	(-0.85)	(-0.01)
Disp	-0.009	-0.026	-0.034
	(-0.37)	(-0.64)	(-0.83)
Cirplum	-0.091	-0.329	0.060
	(-0.27)	(-0.76)	(0.09)
State	0.381	0.122	0.888
	(1.09)	(0.27)	(1.21)
Industry	Control	Control	Control
Year	Control	Control	Control
_cons	1.115	-10.637	-10.625
	(0.32)	(-0.01)	(-1.57)
N	599	421	178
Pseudo R^2	0.100	0.151	0.211

注：***、** 和 * 分别表示 1%、5% 和 10% 的显著性水平。

在控制变量方面，表 5-7 的回归结果也可以得出丰富的

启示:

(1) 并购双方的关联关系与并购终止决策显著负相关 ($p < 0.10$), 其负相关关系在市场反应小于 0 的分组中尤其显著 ($P < 0.05$), 说明当重组双方属于关联交易时, 重组成功的概率更大。可能的解释是在存在关联交易的并购活动中, 主并公司拥有被并公司的信息越多 (李善民等, 2004), 越容易使得并购顺利进行。

(2) 并购支付方式与并购终止决策显著负相关 ($p < 0.05$), 意味着上市公司采用非现金支付时, 更有可能自行终止。可能原因是股票支付更容易受到市场信息的影响, 市场反应越差, 股票支付的代价越大, 从而更容易导致管理者自行终止重组。此外, 信息与信号理论认为, 如果收购公司采取现金支付方式, 则在传递公司股价被低估的信号的同时, 也表明收购公司拥有足够的资金实力, 市场上传递积极信息有利于投资者增强信心, 从而也利于并购的成功实施。

(3) 上市公司交易地位与并购终止决策正相关, 说明当上市公司处于买方地位时, 终止的可能性更小, 但结果并不显著。

(4) 企业的经营净现金流量与并购终止决策显著负相关, 说明企业的现金流量越充足, 重组计划越有可能继续, 支持自由现金流假说 (Jensen, 1986)。

(5) 公司规模 (Size) 与公司市值 (TobinQ) 的结果并不显著, 这与国外学者 Kau et al. (2008) 的结论较为一致。

5.3.2.2　管理者倾听市场声音的原因分析——代理问题视角

为考察管理者持股比例是否影响管理者的并购决策, 首先, 对管理者持股比例在并购是否终止的两组样本中进行单变量分析。根据分组检验的结果 (结果未列示), 在终止样本中管理者持股比例的平均值为 3.09%, 而在未终止样本中为 5.77%, 二者相差2.68%，且在10%的水平上显著。这初步表明管理者的持股比例较多时，并购不终止的概率更大。

其次，在模型（5－1）中引入管理者持股比例（MagStk），并在全样本中进行Logit回归，以观察管理者持股比例对并购决策的单独影响，回归结果列示在表5－8的第（1）列。从结果可知，MagStk的系数为－0.031，且在10%的水平上显著，说明总体来看，管理者持股比例与并购终止负相关，即管理者持股比例越多，终止重组的可能性越小。其他控制变量与表5－7中第（1）列的结果相比，未发生实质性的变化。

最后，为充分考察管理者持股比例对倾听市场信息的影响程度，进一步采用模型（5－2）对全样本进行回归，结果见表5－8的第（2）列。与第（1）列的结果相比，各变量的回归系数非常相似，重点关注的是管理者持股比例与市场反应的交乘项的系数（$CAR_D \times MagStk$），发现交乘项的结果为正但并不显著，说明在全样本下，管理者持股比例对企业是否倾听市场声音不产生显著影响，这无法验证本章的假设5－2a和假设5－2b。那么，是否就意味着假设不成立呢？本书继续按照市场反应（CAR_D）是否大于0进行分组，表5－8的第（3）和第（4）列是分组后的回归结果，在CAR_D小于0的分组中，交乘项（$CAR_D \times MagStk$）的系数为0.625（$p<0.1$），且在10%的水平上显著，MagStk的回归系数也显著为非负；在CAR_D大于0的分组中，交乘项（$CAR_D \times MagStk$）的系数为正但不显著。这说明当市场反应不好时，管理者持股比例越大，越不可能关心市场的声音，其结果支持管理主义理论，验证了假设5－2b。这也意味着，管理者持股比例越大，越有可能从并购中获取并购回报之外的一些私人利益，在某种程度上，这些私人利益最好的解释可能是管理者帝国大厦的建立（Rhoades，1983）。

表 5 - 8　管理者持股比例的影响的回归分析

解释变量	(1) Prob (Y = 1) 全样本	(2) Prob (Y = 1) 全样本	(3) Prob (Y = 1) $CAR_D > 0$	(4) Prob (Y = 1) $CAR_D < 0$
CAR_D	-1.447***	-1.487**	-0.973	-6.499***
	(-2.61)	(-2.55)	(-1.14)	(-2.80)
MagStk	-0.031*	-0.031*	-0.063**	0.172*
	(-1.87)	(-1.85)	(-2.05)	(1.73)
$CAR_D \times$ MagStk		0.013	0.080	0.625*
		(0.24)	(1.02)	(1.78)
Relevance	-0.679**	-0.681**	-0.430	-1.923**
	(-2.21)	(-2.21)	(-1.06)	(-2.57)
PayType	-1.380**	-1.379**	-0.857	-2.212**
	(-2.33)	(-2.32)	(-1.01)	(-2.31)
Position	0.466	0.470	1.823*	0.236
	(0.83)	(0.83)	(1.67)	(0.24)
Size	-0.117	-0.116	-0.242	0.455
	(-0.81)	(-0.80)	(-1.28)	(1.46)
TobinQ	-0.054	-0.054	-0.117	0.104
	(-0.75)	(-0.75)	(-1.28)	(0.40)
ROA	1.453	1.454	1.398	0.496
	(0.93)	(0.93)	(0.69)	(0.18)
CFlow	-4.856***	-4.872***	-6.628***	-7.856
	(-2.71)	(-2.71)	(-2.92)	(-1.63)
BoardSize	-0.120	-0.120	-0.217	-0.031
	(-1.13)	(-1.14)	(-1.46)	(-0.16)
Outsize	-2.284	-2.263	-3.206	-1.577
	(-0.76)	(-0.75)	(-0.83)	(-0.26)

续表

解释变量	(1) Prob (Y=1) 全样本	(2) Prob (Y=1) 全样本	(3) Prob (Y=1) $CAR_D > 0$	(4) Prob (Y=1) $CAR_D < 0$
Disp	-0.014	-0.014	-0.038	-0.038
	(-0.52)	(-0.52)	(-0.86)	(-0.92)
Cirplum	-0.036	-0.036	-0.277	0.054
	(-0.11)	(-0.11)	(-0.62)	(0.08)
State	0.205	0.200	-0.132	0.767
	(0.58)	(0.56)	(-0.29)	(0.99)
Industry	Control	Control	Control	Control
Year	Control	Control	Control	Control
_cons	1.560	1.273	-10.271	-14.006*
	(0.45)	(0.37)	(-0.01)	(-1.93)
N	599	599	421	178
Pseudo R^2	0.110	0.110	0.176	0.237

注：***、** 和 * 分别表示 1%、5% 和 10% 的显著性水平。

5.3.2.3 管理者倾听市场声音的原因分析——大股东利益视角

为验证假设 5-3，首先利用模型（5-3）对全样本回归，回归结果在表 5-9 的第（1）列。从结果可知，引入交乘项后，市场反应系数仍然为负，但变得不再显著，说明大股东持股比例确实影响了管理者倾听市场声音；$CAR_D \times ShrStk$ 的系数也为负，意味着大股东持股比例越大，管理者越有可能倾听市场声音，但是结果并不显著，并未完全支持假设 5-3。进一步，对样本按照第一大股东的持股比例从小到大平均分为三组，并按照模型（5-1）对持股比例低组和持股比例高组分别进行回归，结果见

表 5 - 9 的第（2）和第（3）列。CAR_D在持股比例高组中的回归系数的绝对值要远远大于持股比例低组，且在 10% 的水平上显著，这说明第一大股东持股比例越高，管理者越关心市场反应的变化，从而微弱地验证了本章的假设 5 - 3。

表 5 - 9　　第一大股东持股比例的影响的回归分析

解释变量	(1) Prob（Y = 1） 全样本	(2) Prob（Y = 1） 持股比例低组	(3) Prob（Y = 1） 持股比例高组
CAR_D	-0.706	-0.186	-1.842*
	(-0.50)	(-0.18)	(-1.95)
ShrStk	-0.002		
	(-0.15)		
CAR_D × ShrStk	-0.020		
	(-0.53)		
Relevance	-0.569*	-0.201	-0.694
	(-1.88)	(-0.33)	(-1.08)
PayType	-1.355**		-0.865
	(-2.29)		(-0.92)
Position	0.523	0.821	0.186
	(0.92)	(0.87)	(0.21)
Size	-0.097	-0.497	-0.091
	(-0.65)	(-1.63)	(-0.36)
TobinQ	-0.037	-0.129	-0.098
	(-0.54)	(-0.80)	(-0.44)
ROA	1.271	1.618	0.464
	(0.81)	(0.66)	(0.12)
CFlow	-4.738***	-6.614*	-5.976
	(-2.63)	(-1.91)	(-1.62)

续表

解释变量	(1) Prob (Y=1) 全样本	(2) Prob (Y=1) 持股比例低组	(3) Prob (Y=1) 持股比例高组
BoardSize	-0.117	0.231	-0.204
	(-1.11)	(1.27)	(-0.98)
Outsize	-2.824	-2.277	-3.195
	(-0.94)	(-0.28)	(-0.72)
Disp	-0.005	0.469**	-0.019
	(-0.17)	(2.27)	(-0.54)
Cirplum	-0.086	0.357	-0.121
	(-0.25)	(0.56)	(-0.18)
State	0.387	0.159	1.431*
	(1.10)	(0.22)	(1.92)
Industry	Control	Control	Control
Year	Control	Control	Control
_cons	0.919	-8.848	1.560
	(0.26)	(-0.00)	(0.26)
N	599	200	200
Pseudo R^2	0.101	0.288	0.166

注：***、**和*分别表示1%、5%和10%的显著性水平。

对比表5-9的第（2）和第（3）列的控制变量，发现在持股比例低组，股权集中度（Disp）的系数在5%的水平上显著为正，说明股权集中度越高，管理者越有可能终止并购。这意味着尽管第一大股东在持股比例较低的情况下，不能完全影响管理者的决策行为，但当股权足够分散时，第一大股东仍然能发挥监督管理者的作用。而在持股比例高组，企业性质（State）的系数在1%的水平上显著为正，这表示当上市公司是民营企业时，终止重组的可能性更小。这可能是因为，我国大部分民营企业均属于家族企业，第一大股东与管理者存在重合现象，大股东个人利益的损失可能将从并购中其他方面予以弥补，以致大股东不关心股价波动所带来的损失。

5.3.2.4　管理者倾听市场声音的原因分析——机构监督视角

首先从表 5－4 的描述性统计中可以看到，各样本公司间的机构持股比例（InsStk）差异较大，持股最大的占总股数的将近一半，而有的上市公司并无机构持股，机构平均持股比例为 5%。

前已述及，机构投资者由于资金优势、专业优势以及人才优势，与散户相比，具有更强的信息解读能力（Lakonishok et al.，1992；Bartov et al.，2000；Cohen et al.，2002），他们能够有效利用公司公告信息和其他信息，并作出相应的投资决策。当企业公布的重组预案不符合中小投资者利益时，机构投资者会根据分析得到的私有信息进行交易，其持股变化情况就可以向市场传递信息，这部分信息最终将反映在股票价格中去。那么可以推测：与市场反应较好的并购事件相比，市场反应较差的并购事件在预案公告前机构持股会相对较高。为此，本书首先按照市场反应是否大于 0 分为两组，对其机构持股比例（InsStk）进行分组比较，分组检验的结果见表 5－10－a。从结果可知，无论是均值 t 检验还是中位数 Wilcoxon 检验，CAR_D小于 0 的分组中机构持股比例均显著高于 CAR_D大于 0 的分组，这说明机构投资者确实会在并购重组中积极发出自己的声音。

同时，本书也进一步按照 CAR_D从小到大平均分为五组，考察各组间 CAR_D的持股比例的大小，表 5－10－b 列示了各组中 InsStk 的主要描述性统计量。从各组的均值来看，除第 3 组约高于第 2 组以外，各组间基本上呈逐渐下降的趋势，说明市场反应越小的组中（CAR 的均值为 －18.79%），机构持股比例越大

（均值为 8.21%），同样证明了上述推测。

表 5－10　　按市场反应分组的机构持股比例分析

表 a：按 CAR_D 大于 0 的分组的 InsStk 组间检验

	Mean		Median	
	$CAR_D<0$	$CAR_D>0$	$CAR_D<0$	$CAR_D>0$
N	178	421	178	421
InsStk（%）	7.552	5.282	2.145	0.619
Difference（%）	2.270		1.526	
T－test / Wilcoxon	2.45**		24.454***	
P 值 / Z 值	0.014		0.000	

表 b：按 CAR_D 从小到大平均分为五组的各组描述性统计量

统计量 / CAR_D 分组注	N	Min（%）	Mean（%）	Max（%）	Std. Dev.
第 1 组	120	0	8.21	49.71	12.20
第 2 组	120	0	6.23	48.79	10.26
第 3 组	119	0	6.37	47.53	10.53
第 4 组	120	0	6.00	49.66	10.67
第 5 组	120	0	2.98	43.55	7.22

注：① InsStk 表示并购宣告时机构持股的比例，由于机构持股的数据只能获取季度数据，本书采用并购公告日的前一季度末的机构持股比例作为代理变量。

② ** 和 *** 分别表示 5% 和 1% 的显著性水平。

那么，对于机构投资者的声音，管理者会关注吗？进一步，按照模型（5－3）进行 Logit 回归，以观察机构投资者在并购终止决策中是否存在影响作用，回归结果见表 5－11。根据回归结果，$CAR_D \times$ InsStk 无论是全样本还是 CAR_D 小于 0 的分组中回归系数均在 10% 的水平上显著为负，特别是在 CAR_D 小于 0 的分组中，InsStk 和 $CAR_D \times InsStk$ 的系数均统计上显著，且绝对值较大，而 CAR_D的系数虽仍为负，但已不再显著，这充分说明了机构投资者增强了并购终止和市场反应之间的负相关关系，或者说机构持股是管理者倾听市场声音的主要原因，验证了本书的假设 5 - 4a，支持了机构投资者的有效监督假说。

表 5 - 11　　机构投资者持股比例的影响的回归分析

解释变量	(1) Prob (Y = 1) 全样本	(2) Prob (Y = 1) $CAR_D > 0$	(3) Prob (Y = 1) $CAR_D < 0$
CAR_D	-0.986*	-0.574	-4.186
	(-1.69)	(-0.66)	(-1.60)
InsStk	-0.042*	-0.002	-0.325**
	(-1.65)	(-0.10)	(-2.09)
$CAR_D \times InsStk$	-0.107*	-0.094	-0.486*
	(-1.95)	(-0.61)	(-1.76)
Relevance	-0.604**	-0.267	-1.901***
	(-1.98)	(-0.67)	(-2.69)
PayType	-1.369**	-0.840	-1.853*
	(-2.32)	(-1.01)	(-1.90)
Position	0.572	1.849*	0.204
	(1.01)	(1.70)	(0.21)
Size	-0.059	-0.226	0.656*
	(-0.38)	(-1.13)	(1.80)
TobinQ	-0.039	-0.092	0.046
	(-0.55)	(-1.09)	(0.14)
ROA	1.277	1.090	0.851
	(0.81)	(0.55)	(0.28)

续表

解释变量	(1) Prob (Y=1) 全样本	(2) Prob (Y=1) $CAR_D>0$	(3) Prob (Y=1) $CAR_D<0$
CFlow	-4.717***	-6.184***	-8.121
	(-2.61)	(-2.77)	(-1.58)
BoardSize	-0.131	-0.225	-0.048
	(-1.22)	(-1.53)	(-0.20)
Outsize	-3.486	-3.417	-0.290
	(-1.15)	(-0.89)	(-0.04)
Disp	-0.015	-0.029	-0.054
	(-0.56)	(-0.68)	(-1.21)
Cirplum	-0.104	-0.344	0.273
	(-0.31)	(-0.79)	(0.40)
State	0.359	0.145	0.710
	(1.01)	(0.32)	(0.93)
Industry	Control	Control	Control
Year	Control	Control	Control
_cons	0.919	-8.848	1.560
	(0.26)	(-0.00)	(0.26)
N	599	200	200
Pseudo R^2	0.101	0.288	0.166

注：***、**和*分别表示1%、5%和10%的显著性水平。

5.4 稳健性检验

(1) 并购终止与CAR之间的负相关关系可能不是由并购事件

的市场反应造成，而是在事件之前两组间的CAR值就存在显著差异。为排除这个可能，本书选取［-30，-10）、［-10，-5）两个事件发生日前的窗口期的CAR按照是否终止进行了分组检验，结果如表5-12所示。可见，在两个窗口期内其市场反应并没有显著的不同，这一方面说明并购终止并不是由事件前的CAR所影响，排除了“并购前的CAR”与“并购终止”的内生性；另一方面也辅证了本书的窗口期选择较为合理。

表5-12 各窗口期按管理层决策分组的分组检验

统计量	$CAR_{[-30,-10)}$		$CAR_{[-10,-5)}$	
	Y=1	Y=0	Y=1	Y=0
N	66	533	66	533
Mean（%）	-1.95	-0.03	1.00	0.59
Difference（%）	-1.92		0.41	
T-test	1.28		0.47	
P值	0.199		0.635	

（2）本书的意图并非仅为了检验CAR与并购终止行为之间的负相关关系，其核心目的在于验证“管理者的终止决策是倾听市场声音的结果”，即管理者主动从市场获取信息，但是“并购时的CAR”与“并购终止”之间存在的内生性可能使得本书假设5-1的结果并不稳健。原因在于市场投资者的反应也有可能是依据对未来并购成功的“可能性反馈”（probability-feedback），而这会导致市场反应与并购终止具有内生的相关性（Luo，2005），其相关性并非管理者主动倾听市场声音的结果。

为使文章的结果更加稳健，本书采用了一种间接的方法对其进行分析。在并购终止中有一类特殊类型的终止——被迫终止（即因被股东大会或证监会否决而终止），如果投资者确实能够对并购成功的可能性进行判断，那么可以预测：投资者对自行终止和被迫终止两类并购样本的市场反应会较接近，因为二者最终的结果均为并购失败。

本书对这种推断采用分组 t 检验的方法进行验证，检验结果如表 5－13 所示，发现无论是［－10，10］还是［－5，5］的窗口期，尽管自行终止组的短期市场反应均小于被迫终止组，但二者的差异均不显著，说明前面的预测正确。那么，既然两类样本的市场反应并无显著差异，如果不存在管理者的主动倾听市场声音的行为，按照推理，两组样本的并购预案都不应该被自行终止，但事实是有一部分重组在召开股东大会之前便宣布终止。因此，依照这个推理，本书认为在我国重大资产重组中，企业的自行终止与管理者主动倾听市场声音的行为相关。

表 5－13　　被迫终止与自行终止的分组检验

统计量	$CAR_{[-10,-10]}$		$CAR_{[-5,5]}$	
	自行终止	被迫终止	自行终止	被迫终止
N	66	49	66	533
Mean（%）	9.06	14.66	11.80	13.28
Difference（%）	－5.60		－1.47	
T－test	－0.988		－0.291	
P 值	0.325		0.772	

（3）根据本书第 4 章的研究结果，本章计算并购事件的市场反应是采用的［－10，10］的窗口期。为了结果的稳健，本书也采用［－5，5］的事件窗口期计算的 CAR 对模型（5－1）进行了回归，回归结果在表 5－14 的第（1）列，相关结果未发生变化。

表 5-14　　稳健性检验的回归分析

解释变量	(1) Prob (Y=1) 全样本	(2) Prob (Y=1) 全样本	(3) Prob (Y=1) 剔除资产剥离类
$CAR_{D[-5,5]}$	-1.105*		
	(-1.76)		
$CAR_{D[-10,10]}$		-0.952**	-1.385**
		(-2.20)	(-2.55)
Relevance	-0.554*	-0.369	-0.554*
	(-1.84)	(-1.52)	(-1.81)
PayType	-1.304**	-0.564	-1.014*
	(-2.22)	(-1.49)	(-1.74)
Position	0.491	0.272	
	(0.88)	(0.68)	
Size	-0.085	-0.081	-0.087
	(-0.58)	(-0.67)	(-0.59)
TobinQ	-0.032	0.016	-0.031
	(-0.48)	(0.39)	(-0.45)
ROA	1.407	0.682	1.288
	(0.91)	(0.74)	(0.81)
CFlow	-4.742***	-3.768***	-4.787***
	(-2.66)	(-2.70)	(-2.64)
BoardSize	-0.115	-0.109	-0.112
	(-1.09)	(-1.28)	(-1.05)
Outsize	-2.938	-0.651	-2.994
	(-0.98)	(-0.27)	(-1.00)
Disp	-0.009	-0.010	-0.013
	(-0.34)	(-0.47)	(-0.50)

续表

解释变量	(1) Prob（Y=1） 全样本	(2) Prob（Y=1） 全样本	(3) Prob（Y=1） 剔除资产剥离类
Cirplum	-0.064	0.035	-0.091
	(-0.19)	(0.13)	(-0.27)
State	0.385	-0.004	0.423
	(1.11)	(-0.01)	(1.20)
Industry	Control	Control	
Year	Control	Control	
_cons	0.712	1.232	1.062
	(0.21)	(0.44)	(0.31)
N	599	599	576
Pseudo R^2	0.091	0.079	0.097

注：① 第（2）列中的 Y 定义为：当未召开股东大会和撤销申请两种情况下的自行终止时取值为 1，否则为 0。

② 第（3）列中的 Y 定义为：当并购失败时取值为 1，否则为 0。

③ ***、** 和 * 分别表示 1%、5% 和 10% 的显著性水平。

（4）为较全面地考察市场反应对企业并购终止决策的影响，本书进一步扩大自行终止的定义，把“撤销申请”的自行终止也涵盖进来，即管理层决策（Y）进一步界定为：当重组预案在证监会审核之前自行终止时，Y 取值为 1，否则为 0。并按照模型（5-1）重新进行全样本回归，结果在表 5-14 的第（2）列。从结果来看，CAR_D 的回归系数为 -0.951（$P<0.05$），对比表 5-7 的第（1）列，尽管系数的影响程度减弱，但仍然是显著的负相关，进一步验证了管理者的并购终止决策会倾听市场的声音。

（5）由于资产剥离类重组比较特殊，本书剔除了资产剥离的样本，然后，按照模型（5－1）重新对全样本进行回归，结果在表 5－14 的第（3）列，结果并未发生任何变化。

（6）在管理者持股比例的指标选择上，本书也采用了 CEO 持股比例，结果未在文中列示。根据回归结果，CEO 持股比例与 CAR_D交乘项的回归系数在全样本中为 －0.048（P＝－0.42）、在 CAR_D小于 0 的样本中为 0.887（P＝1.07），说明 CEO 持股比例对管理者的决策行为没有产生根本性的影响，一个可能的原因是目前我国上市公司重大事项的决策多由董事长最终裁定。

（7）为进一步验证机构投资者具有信息获取的优势以及监督功能，本章也考察了机构持股与并购成功之间的关系。如果机构具有较好的信息优势和选股能力，那么可以推测：机构持股比例越多，并购成功的可能性也应该越大，或者说，最终并购成功的公司中应有更高的机构持股比例。为此，本书按照并购是否成功对机构持股比例也进行了分组检验（结果未在文中列示）。根据分组检验结果，重组失败的分组中（166 个）机构持股的平均比例为 4.29%，并购成功的分组中（433 个）则为 6.59%，二者相差 2.3%，且在统计上显著（t＝2.43）。当剔除掉审核未通过的样本后，结果不发生任何根本性变化（diff＝2.38%，t＝2.16）。这一方面说明机构投资者具有较好的信息优势，具有较强的选股能力；另一方面也说明机构投资者持股能在一定程度上监督企业提出更为合理的并购方案（Chen et al.，2009），从而促使并购成功的可能性更大。

5.5　本章小结

本章依据我国 2008～2012 年的重大资产重组的相关数据，

从股价信息的视角验证了企业并购终止决策与市场反应之间的关系，研究结果表明：当并购预案公告的市场反应越差时，企业自行终止并购的可能性越大。该结论与国外的研究成果一致（Luo，2005；Kau et al.，2008；Chen et al.，2007；Masulis et al.，2009；Chikh and Filbien，2011；Liu and McConnell，2013），说明在我国上市公司的并购终止决策中管理层存在倾听市场声音的行为，这在一定程度上证明了企业管理者认为资本市场的股价信息是有价值的信息资源。

本章进一步从管理者、大股东和机构投资者三个维度对管理层倾听市场声音的原因进行了分析，结果发现：管理者持股并不能发挥约束代理行为的作用，相反，管理者持股比例越大，管理者倾听市场声音的可能性越低，支持了管理主义理论；第一大股东对管理者是否倾听市场的声音的影响不是很显著，但在个人利益受损的情况，第一大股东能在一定程度上促使企业管理者关注市场信息；机构投资者能够有效地发挥监督作用，机构持股比例越大，管理者更有可能关注市场信息，进而调整并购决策。

本章的结论表明，信息在上市公司与资本市场之间是一个双向传递的过程，一方面企业应充分披露完善的信息以减少信息不对称；另一方面投资者应理性投资以防止股价的非理性波动，从而实现投融资双方良好的信息传递，有效发挥资本市场资源配置的功能。同时，为提高资本市场的信息效率和资源配置效率，应强化机构投资者建设，积极发挥机构投资者的有效监督作用。

第6章 管理层终止决策的后果分析：基于市场预期

通过第 5 章的分析和实证发现，在重大资产重组预案公告后，企业管理层会依据市场传递的信息决定随后的并购决策（是否终止），这验证了管理层在制定企业并购决策时会积极主动从资本市场的股价中获取信息。Dye 和 Sridhar（2002）认为包括机构投资者和分析师等的资本市场总体很可能拥有更多的信息优势，并掌握企业决策者并不完全知晓的信息，这些信息最终汇集在股价中并被股价所反映，企业决策者依据其传递的股价信息有利于做出正确的决策。国外的经验研究也证明，资本市场上的投资者能够比企业并购决策者搜集到更多的信息，并能够较准确地对并购事件的协同效应予以估计，上市公司管理者相比于市场上的投资者来说，可能会对某一并购决策缺少充足的信息而导致不恰当的估计（Rock，1986；

Jegadeesh, Weinstein and Welch, 1993; Dye and Sridhar, 2000; 等等)。那么，反过来说，如果管理层在制定并购决策时参考了资本市场上投资者所传递的股价信息（即管理层倾听了市场声音)，是否意味着相应的决策将更加合理或者优化？本章将通过考察并购终止决策的短期和长期后果来对这一问题进行解答。

根据信息与信号传递理论，在并购预案公告时，并购的相关信息将会直接传递给市场，投资者根据预案所传递的公共信息和自己的私有信息，对并购预案进行合理的判断，其判断结果直接体现在股价的波动上。如果投资者认可并购预案，对并购后企业未来价值的预期较高，股价会随之上涨；反之，股价下跌。因此，预案公告时的短期市场反应实质体现为投资者对并购预案的市场预期，如果投资者预期较为乐观，市场反应将显著大于0；相反，如果投资者对并购不看好或持否定意见，市场反应将显著小于0。

因此，本章具体的研究逻辑是：如果企业在市场预期较差时终止了并购，则意味着管理层在制定并购决策时倾听了市场声音；反之，如果企业在预期较好时终止了并购，则与市场预期不符，说明管理的并购决策并不是倾听市场声音的结果。那么，从短期和长期来看，这两种情况的后果如何？倾听市场声音的并购决策会具有更好的绩效吗？如果是，则证明了我国资本市场的股价波动为企业决策者传递了有价值的信息，即股价具有信息含量。

6.1 管理层终止决策的短期后果

近年来，随着中国并购市场的快速发展，越来越多的上市公司借助重大资产重组进行战略布局，以获得更强的市场竞争力。但由于重大资产重组过程异常复杂、不确定性较强，并购终止的案例也越来越多。并购终止是一个值得研究的现象，因为它相当于撤回了上市公司在并购预案中所传递的各种信息（Madura and Ngo，2012），随着并购终止公告的发布，市场投资者的短期反应如何？其反应是否会随预案公告时的市场预期不同而存在差异？

6.1.1　研究假设

并购终止意味着企业管理者放弃精心策划的重组计划，其背后的原因不能一概而论，投资者对这一行为的市场反应也不尽一致，总体来看，其终止行为短期内会给投资者带来较大的财富损失（Jensen and Ruback，1983）。但具体而言，并购终止并非必然带来投资者的财富损失，其终止行为的市场反应往往因预案公告时的市场反应的不同而存在差异。国外学者 Dodd（1980）较早地从预案公告到预案是否通过的全过程考察了预案公告与并购终止时市场反应的对比状况，其以需要提交管理层审议的并购预案样本，考察了并购预案从公告到审议结束时的市场反应状况，结果表明：在并购预案公告时，市场通常都会给予较大且为正的市场反应；在管理层作出审核决议时，如果企业通过了并购预案，股价仍将小幅上涨，但如果并购预案被否决，市场会出现较大的负的市场反应。随后，众多学者从不同角度对预案公告与并购终止时市场反应的关系进行了比较分析（Davidson，Dutia and Cheng，1989；Chang and Suk，1998；Safiedeine and Titman，1999；Wong and O’Sullivan，2001；Liu and McConnell，2013），研究结论基本一致，即当预案公告的市场反应较低时，并购终止会带来市场反应的小幅上扬；而当预案公告的市场反应较高时，可能会因并购方式、支付方式以及并购对象等的不同而存在差异。Cole et al.（2006）在研究中进一步发现，预案公告的市场反应与并购终止的市场反应存在反转关系（Reverse Relation），其以发生在 1992 ~ 2001 年美国的 220 个并购终止事件为样本，实证研究发现，大多数情况下预案公告的市场反应在并购终止时会发生反转（Reverse），即并购公告的市场反应较差时，终止时的市场反应则会较好，反之亦然。

在我国，重大资产重组一直是市场投资者追捧的热点。本书第 4 章中的研究也发现，在大多数情况下，重组预案公告都带来了巨大的短期财富效应，这一方面可能是由于投资者对"重组股"的过度反应（Over - reaction），但另一方面也表现为投资者对重组预案的市场预期较为乐观。那么，可以推断，如果投资者的市场预期较高，一旦重组被意外终止，市场势必产生较大的波动，股价呈下跌态势。例如，2013 年 12 月 23 日停牌近半年的天瑞仪器（300165）宣布拟以 14.79 亿元收购宇星科技 51% 的股权，由于宇星科技营业收入超过天瑞仪器 3 倍、估值是天瑞仪器净资产的 2 倍，其并购方案堪称"蛇吞象"，重组消息公布后，立即引起市场投资者的追捧，天瑞仪器（300165）的股价在复牌后连续收出 5 个涨停，但好景不长，2014 年 5 月 9 日天瑞仪器发布公告称"由于交易双方未能就细化交易方案达成一致意见，经交易双方协商一致，公司决定终止本次重大资产重组"，随后公司股价急剧下跌。反之，如果投资者对重组预案不满意，或者对未来预期的不确定，预案公告时市场反应将会较低，随后如果企业终止重组，说明企业决策与投资者预期一致，此时投资者将调整预期，给予正向的市场反应，且与预案公告时的市场反应呈现反方向变化。

基于上述分析，本书认为终止重组时的市场反应与预案公告的市场反应之间存在反转现象，但反转方向将依预案公告时市场预期的不同而存在差异：当市场预期较好时，并购终止时的市场反应将发生向下反转；而当市场预期较差时，并购终止时的市场反应将向上反转。

为此，本书提出如下两个待检验的并列假设：

假设 6 - 1a：当管理层的终止决策符合市场预期时，与预案公告时的市场反应相比，并购终止的市场反应将向上反转。

假设 6 - 1b：当管理层的终止决策不符合市场预期时，与预案公告时的市场反应相比，并购终止的市场反应将向下反转。

6.1.2　研究设计

6.1.2.1　研究模型

为验证并购预案时的市场反应与并购终止决策之间的反转现象，本书借鉴 Cole et al.（2006），将待检验的回归方程设定如下：

$$CAR_T = \alpha + \beta_1 CAR_D + \varepsilon \qquad (6-1)$$

其中：CAR_T代表并购终止时的市场反应；CAR_D代表预案公告时的市场反应。

为考察市场预期对反转现象的影响，本书采用分组的方法对并购事件按照市场预期分组，然后对不同组间的反转现象进行比较分析。市场预期以并购公告时的市场反应（CAR_D）来度量。

6.1.2.2　变量定义

本部分涉及两个关键的变量：

（1）预案公告时的市场反应——CAR_D。

CAR_D的度量与本书第 5 章中一致，即采用［-10，10］的事件窗口期计算的累计超额收益作为预案公告的市场反应。

（2）并购终止时的市场反应——CAR_T。

为测算 CAR_T，首先依据本书第 4 章中模型（4－2）的方法，以并购终止公告日作为事件日（第 0 天），采用市场调整法计算了并购终止[①]公告日前后 30 天窗口期内（即［－30，30］）的超额报酬率（AR）和累计超额报酬率（CAR），图 6－1 对其趋势进行了列示。

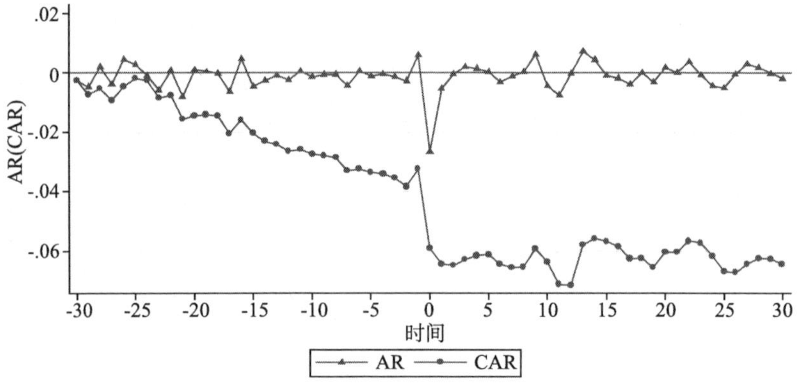

图 6－1　［－30，30］事件窗口期自行终止的 AR 和 CAR——市场调整法

从图 6－1 可以较直观地看到：从累计超额回报率来看，并购终止样本从终止宣告日前 25 天左右就呈现下滑的态势，事件日当天（第 0 天）下降幅度最大，其下滑态势一直持续到终止公告后的 12 天左右，这说明并购终止公告之前市场已经出现较大的振荡。这也间接证明了本书第 5 章中的假设 5－1，即管理者在重组预案公告后，会根据市场传递的信息进行随后的并购决策，当市场反应越差时，管理者更有可能终止。从超额报酬率来看，事件日前后波动均较大，说明了投资者对此类上市公司的未来价值充满不确定性；事件日当天（第 0 天）波动幅度最大，

① 这里计算时仅包含“未召开股东大会”的 66 个自行终止事件。

但事件日后第 1 天，则出现了小幅反弹，说明了市场投资者对终止公告信息存在过度反应的现象。

在计算出［－30，30］的逐日超额回报率后，本书进一步确定计算并购终止市场反应（CAR_T）的事件窗口期。由于本部分的重点是考察并购终止决策带来的短期市场反应，其目的不在于充分捕捉并购终止所传递的市场信息，故应选择事件日（终止决策公告日）之后的时间窗口，而根据图 6－1，并购终止给市场带来的冲击主要发生在事件后［0，3］的时间段内，据此，本书选择［0，3］的事件窗口，即以［0，3］的事件窗口期计算的累计超额收益作为并购终止市场反应的度量指标。

6.1.2.3　样本界定与数据来源

本部分所用的并购终止样本来源于本书第 5 章中的样本。根据表 5－1，在 599 个全样本中，共有 166 个样本未获成功，但由于“其他终止”（10 个）多属于因重组申请未被证监会受理导致股东大会议案过期或者重组申请被暂停审核引起重组终止的情况，这类终止不能较合理地判断具体的终止公告日，予以剔除，剩余的 156 个重组终止事件即为本章并购终止的初始样本，表 6－1 对其终止类型的分布进行了列示。依据表 6－1，在所有终止样本中，属于“未召开股东大会”的自行终止事件有 66 个，占比 42.31%，由于本章的研究目的在于考察管理者自行终止决策的后果，与第 5 章的理由一致，这 66 个终止事件将是本章重点需要检验的对象。

表 6－1　　并购终止类型的分布状况

终止类型	N	Freq.
被迫终止	49	31.41%
其中：股东大会否决	13	8.33%

续表

终止类型	N	Freq.
审核未通过	36	23.08%
自行终止	107	68.59%
其中：未召开股东大会	66	42.31%
撤销审核申请	41	26.28%
小计	156	100%

本部分所涉及的有关重大资产重组终止公告日以及终止类型的数据均依据 Wind 资讯的上市公司公告数据库手工整理获得，日个股收益率、日市场指数率收益和有关公司数据来源于国泰安 CSMAR 数据库。为了控制变量异常值的影响，对连续变量均进行了上下 1% 水平的 Winsorize 处理。

6.1.3 实证结果分析

6.1.3.1 单变量分析

根据并购终止市场反应（CAR_T）的描述性统计结果（未在文中列示），CAR_T 的最小值为 -47.48%、最大值为 40.82%、平均值为 -3.05%、标准差为 13.712%，表明：平均来看，终止并购多体现为向市场传递了负面的信息，给投资者带来了短期的财富损失；并购终止也会带来正的市场反应，即并购终止并不必然导致企业短期财富的损失；各终止事件间市场反应的差异较大，这意味着投资者对待企业终止并购的表现不一。

为考察并购终止时的市场反应（CAR_T）与并购公告时的市场反应（CAR_D）的关系，本书首先对二者进行了 t 检验，检验结果见表 6-2。由表中可知，本书涉及的终止样本在并购公告时市场反应（CAR_D）的均值为 9.06%，对比表 5-4 中总体样本在预案公告时的市场反应（mean = 17.3%），发现终止样本均值大大低于第 5 章中的总体样本均值，这再次证明了市场反应较差的并购更有可能被终止的假设（第 5 章中的假设 5-1）。进一步观察 CAR_T与 CAR_D的均值差异，发现二者相差约 12.11%，且在 1%的水平上显著，这意味着投资者在这些并购事件中损失了大量的财富。

表 6-2　　并购公告与并购终止的市场反应对比

统计量	并购终止时（CAR_T）	并购公告时（CAR_D）
N	66	66
Mean（%）	-3.05	9.06
Diff（%）	-12.11***	
T-test	-2.93	
P 值	0.0046	

注：*** 表示 1%的显著性水平。

6.1.3.2　多元回归分析

图 6-1 和表 6-2 表明，平均来看投资者认为并购终止传递的是一种利空消息。那么终止的市场反应与公告时的市场反应究竟呈现如何的变化关系？其变化关系是否会预案公告时市场预期的不同而呈现差异？为此，本书首先将终止重组的 66 个样本按照市场预期（用 CAR_D衡量）从小到大分为三组，三组样本的 CAR_D的均值分别为：-24.23%、9.82%和 41.60%。在第一组中投资者市场预期平均为负，表明投资者在预案公告时并不看好企业的并购方案或持反对意见，而另外两组的市场预期平均为正，说明投资者对待并购方案持肯定预期，本书分别将三组样本视为低预期组、中预期组和高预期组。

根据前述推论，对于低预期组，企业终止重组时意味着企业决策符合投资者预期，终止时的市场反应将发生向上的反转；而中预期组和高预期组的市场预期平均为正，说明投资者对并购方案的预期较为乐观，如果企业终止重组，则说明企业决策与市场投资者预期相悖，终止时的市场反应将发生向下的反转。

为验证该推论，本书首先对低、中、高三组的 CAR_T 与 CAR_D 按均值绘制折线图（见图 6－2），以进行直观分析。

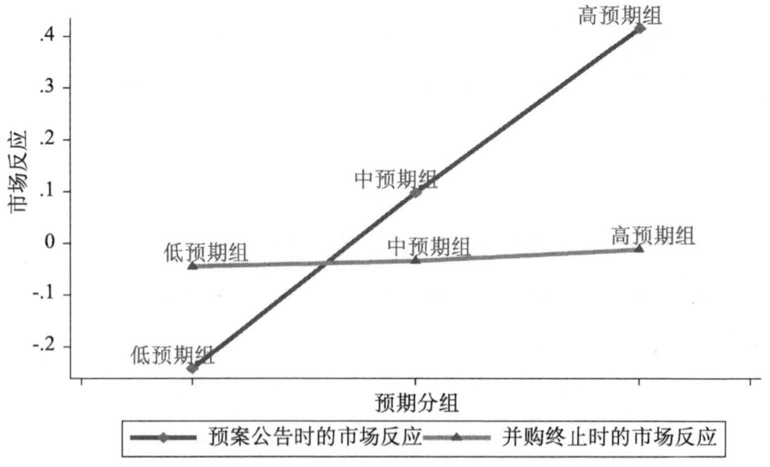

图 6－2　并购公告与并购终止市场反应的对比——基于市场预期分组

根据图 6－2，平均来看，相比于预案公告时，低预期组在并购终止时的市场反应向上变化，而中预期组和高预期组则向下变化，其中高预期组的下降幅度最大，这初步验证了我们的假设 2a 和假设 2b，即重组终止时市场反应发生反转，但反转方向将依市场预期的不同而存在差异，当符合市场预期终止时（低预期组）的市场反应向上反转，而不符合市场预期时（中、高预期组）则向下反转。仔细观察图 6－2 中并购终止时的市场反应的折线，发现三组均值都小于 0，且呈现平缓的上升趋势，这说明：平均来看，投资者对待并购终止事件的整体反应为负；高预期组即使经过大幅回落，仍稍逊于低预期组。

进一步，采用模型（6-1）对全样本、低预期组、中预期组以及高预期组四组样本分别进行OLS回归，结果见表6-3。根据表6-3，在全样本中，重组终止的市场反应与预案公告的市场反应并不显著相关，而且系数为正，说明整体来看，重组终止没有造成显著的反转现象，这与国外学者Cole et al.（2006）的结论不完全一致。在各分组回归中，当企业终止决策符合投资者预期时（低预期组），CAR_D的系数在1%的水平上显著为负，说明当投资者预期较差且企业最终自行终止时，企业决策符合投资者预期，投资者给予了正向的市场反应，与预案时的市场反应相比，终止决策时的市场反应发生了向上的反转，这与本章的假设6-1a相符；当企业终止决策不符合投资者预期时（中、高预期组），CAR_D的系数均不显著，假设6-1b未得到充分的证明。

表6-3　　并购终止时市场反应的回归分析

解释变量	全样本	低预期组	中预期组	高预期组
CAR_D	0.030	-0.112*	-0.261	0.194
	(0.56)	(-1.72)	(-0.57)	(0.78)
_cons	-0.033*	-0.072***	-0.009	-0.093
	(-1.88)	(-3.41)	(-0.16)	(-0.84)
N	66	22	22	22
R^2	0.005	0.129	0.016	0.029
调整R^2	-0.011	0.086	-0.033	-0.019
F	0.312	2.965	0.327	0.605

注：***、**和*表示1%、5%和10%的显著性水平。

对比全样本、中预期组和高预期组三组之间CAR_D的系数，尽管结果均不显著，但中预期组的系数为负，而全样本、高预期组的系数却为正，这个差异为本书假设 6－1b 未得到验证提供了可能的解释，那就是：中高预期组中的投资者对企业的未来价值比较看好，即使出现重组终止也依然对重组公司持有较高的预期。据有关资料，2013 年共有 14 家上市公司终止重组复牌后涨停[①]，可能正是这些异常值使得在本书的样本下不符合预期组中的反转效应并不显著。

6.1.4 进一步检验和分析

（1）由于本章在前述实证中仅考虑了未召开股东大会的自行终止样本，其样本可能存在严重的内生性，原因在于所选样本的市场反应均值太低，从而导致不符合市场预期组的反转现象不显著。为此，本章也考察了包括撤销申请终止的所有自行终止样本（共 107 个）的反转情况，结果未发生实质性改变（结果见后文表 6－5），这意味着本书的结果较稳健。

（2）前已述及，由于我国的重大资产重组一般需要经历“预案公告—股东大会审议—证监会审核”的流程，因此，在并购重组的过程中有时会被股东大会或证监会否决，导致重组被迫终止。依据表 6－1，有 49 个是属于企业被迫重组终止的情况，本书也进一步考察了这部分被迫终止样本的短期市场反应，并与所有自行终止的 107 个样本进行了比较分析。

首先，针对两组样本选择不同的时间窗口进行单变量对比分析，表 6－4 列示了相关对比结果。从事件发生前的时间窗口［－3，－1］来看，无论是自行终止组还是被迫终止组，其 CAR

① 终止重组留悬念 11 家公司复牌涨停 . http：//epaper. stcn. com/paper/zqsb/html/epaper/index/content_609623. htm

值都为正，且被迫终止组的值偏大（0.17%），说明市场上整体看好被迫终止组的重组方案，而自行终止组在重组终止公告前基本没有已无法获得超额回报（仅为 0.01%），也表明了投资者的不看好态度，这进一步证明了：正因为市场反应较差，管理者才会自愿选择自行终止。但两组之间的差异不具备显著性（t = -0.17），这也意味着在事件日之前，两组之间没有显著的信息差异，排除了事件日后的差异是由事件前带来的可能性。进一步考察事件日后的时间窗［0，3］，发现被迫终止组的市场反应显著低于自行终止组（t = 2.61），［0，5］的差异变得更大且更显著，说明市场对被迫终止重组的股票持续不看好。

表 6-4　　自行终止与被迫终止的市场反应对比

统计量	$CAR_{[-3,-1]}$		$CAR_{[0,3]}$		$CAR_{[0,5]}$	
	自行终止	强迫终止	自行终止	强迫终止	自行终止	强迫终止
N	107	49	107	49	107	49
Mean（%）	0.01	0.17	-2.95	-8.20	-2.91	-8.54
Diff（%）	-0.16		5.25		5.63	
T-test	-0.17		2.61***		2.65***	
P 值	0.863		0.009		0.008	

注：*** 表示 1% 的显著性水平。

其次，在前面的实证中本书发现不符合预期组中的反转效应不显著，其可能的解释是市场仍对企业持再次启动重组的预期。而对于被迫终止重组的上市公司而言，再次启动重组的难度相对较大，本书利用模型（6-1）对这部分样本的反转情况进行了考察，结果表明（见表 6-5），CAR_D 的系数在 1% 的水平上显著为负，证明终止时市场反应发生了反转，在一定程度上验证了本章的假设 6 - 1b。

最后，为较全面考察重大资产重组终止整体的反转状况，本书也进一步对所有终止样本按照模型（6 - 1）进行回归分析，结果表明（见表 6 - 5），CAR_D 的系数为负值，说明我国重大资产重组终止整体来看会给投资者带来财富损失，但实证结果并不显著。

表 6 - 5　并购终止时市场反应的回归分析——稳健性

解释变量	自行终止组	被迫终止组	所有终止样本
CAR_D	0.038	-0.179***	-0.024
	(1.01)	(-3.39)	(-0.76)
_cons	-0.034***	-0.056***	-0.043***
	(-2.77)	(-3.38)	(-4.12)
N	107	49	156
R^2	0.010	0.196	0.004
调整 R^2	0.000	0.179	-0.003
F	1.016	11.489	0.573

注：*** 表示 1% 的显著性水平。

（3）国外有研究表明，并购终止的市场反应反转后，市场会逐渐恢复到终止前的状态（Davidson，Dutia and Cheng，1989），意味着当市场完全吸收重组终止的信息后，市场将趋于冷静。本书选择事件前［-5，-1］和事件后［5，10］两个时间窗，考察我国投资者对待终止事件的市场反应状况，从表 6 - 6 可知，无论是全部终止样本还是所有自行终止样本，二者均没有显著差异，与国外的研究结论较为一致。

表 6－6　　并购终止前后时间窗口的市场反应对比

	全部终止样本		所有自行终止样本	
	[－5，－1]	[5，10]	[－5，－1]	[5，10]
N	156	156	107	107
CAR_T（%）	－0.03	－0.03	－0.32	－0.19
Difference（%）	0.11		－0.12	
T－test	0.18		－0.16	
P 值	0.854		0.871	

6.2　管理层终止决策的长期后果

本部分将从企业的长期绩效来考察市场股价信息对管理层决策的影响效果。

6.2.1　研究假设

Dow and Gorton（1997）通过构建模型论证了公司股价具有回顾性作用与预期性作用等两种不同的信号传递功能。市场投资者愿意支付一定的成本以获取可能产生未来收益的各种私有信息，并且基于收集的私有信息进行加工处理后交易，而这些私有信息最终都将通过股票交易进入股价。对于公司决策者而言，这些信息可能是未知的，当决策者通过市场中的股票价格来推断这些信息，并利用这些推断进行投资决策时，股价的预期性得以体现。一般来说，影响股票价格波动的信息主要来源于三个层面：市场层面信息、行业层面信息和公司层面信息（Campbell and Shiller，2001），其中公司层面的特质化信息是股价波动的关键因素，因此，股价波动中涵盖的公司特质化信息更有利于股价预期作用的发挥。

在并购预案公告时，投资者会获取尽可能多的信息对重组后企业未来价值作出估计，其估计结果将直接反映在股价上，如果投资者预期重组事件是利空消息，股价呈现下跌趋势，反之则上升。此时，股价波动的根源是企业传递的重组事件的特质化信息，体现为投资者对企业并购整合后未来价值的预期，以及对并购是否符合公司长远发展战略的预期。Healy，Palepu and Ruback（1992）研究了1979～1984年美国最大的50个兼并案例，他们利用年度报告、兼并计划书、股东大会声明和分析师报告中的会计数据，通过比较预计的并购前后5年的合并公司的绩效，发现合并公司的现金流增加，且与并购公告时的短期市场反应显著正相关，并得出了公告时的市场反应能够预测并购后经营绩效的结论，证明了股价信息的预期性作用。其后，Switser（1996）、Ghosh（2001）和Powell et al.（2005）等在研究中均发现市场反应与并购后财务绩效之间具有正向关系。国内学者徐莉萍等（2005b）在研究中发现，投资者能够成功地预测到由于控制权转移而带来的公司经营绩效的提高，并根据公司经营绩效的改进情况来区分不同的控制权转移。翟进步等（2010）以我国发生在2002～2006年的相对交易规模最大的191个收购兼并事件为样本，研究发现并购公告时的市场反应与企业实际财务绩效也具有较强的正向趋同性，证明了我国上市公司并购公告时的股价波动具有一定的预期作用。

特别是，在我国重大资产重组中，按照相关政策上市公司应在拟重组之前及时停牌，待重组预案公告时复牌，这一政策在一定程度上缓解了重组方案涵盖的特质化信息的提前泄露，那么，投资者在经过长期停牌期的等待后，其预案公告日（复牌日）的波动程度更能真实地体现为投资者对并购预案的市场预期。如果管理者在随后的并购过程中根据含有私人信息的股价进行决策，将有利于改善企业的未来绩效。

因此，本书认为，我国重大资产重组预案公告时的股价波动具有预期作用，当企业依据市场信息进行并购决策时，将更有利于企业绩效的改善，并提出如下假设：

假设 6－2：在其他条件不变的情况下，并购公告时的股价波动具有预期性，即短期市场反应与企业的长期绩效正相关。

假设 6－3：当企业终止决策符合市场预期时，并购终止决策与企业的长期绩效正相关，即并购终止有利于改善企业的长期绩效。

6.2.2　研究设计

6.2.2.1　模型设计

为验证假设 6－2，本书构建如下多元回归模型：

$$Performance = \alpha + \beta_1 CAR_D + \sum \beta_{2i} Control_i + \varepsilon \quad (6-2)$$

其中：Performance 代表企业的长期绩效，CAR_D代表预案公告的市场反应，Control 是由多个控制变量构成的向量。

为验证假设 6－3，本书只保留并购终止的样本，即设定管理者已经作出终止决策，然后通过构建如下多元回归模型，考察市场预期在并购终止样本中是否对未来绩效产生影响。

$$Performance = \alpha + \beta_1 Pre\_dum + \sum \beta_{2i} Control_i + \varepsilon \quad (6-3)$$

其中：Performance 代表企业的长期绩效，Pre_dum 代表管理层决策是否符合市场预期的哑变量（符合预期时为 1，不符合预期时为 0），Control 是由多个控制变量构成的向量。

根据研究假设，本书预测模型（6－3）中 Pre_dum 的系数应该显著为正，即企业符合市场预期的自行终止决策有利于企业未来绩效的改善。

6.2.2.2 变量定义

（1）长期绩效指标——Performance。

为了结果的稳健，本书分别使用长期市场绩效指标（ΔTobinQ）和长期会计绩效指标（ΔROA）来度量并购公司的长期绩效。ΔTobinQ（ΔROA）表示公司并购前后绩效的变化，由于数据限制，本书分别考查了并购当年①、并购后一年、并购后两年与并购前一年绩效的变化，分别表示为 $\Delta TobinQ_0$（ΔROA_0）、$\Delta TobinQ_1$（ΔROA_1）和 $\Delta TobinQ_2$（ΔROA_2）。为控制年度行业的影响，本书对其进行了年度行业中位数调整②。

（2）解释变量。

①预案公告的市场反应——CAR_D。

CAR_D的度量与第 5 章中的一致，即采用市场调整法计算预案公告日前后 10 天累计超额报酬率。

②是否符合市场预期——Pre_dum。

Pre_dum 是度量并购决策是否符合市场预期的哑变量，本书仍然按照 CAR_D对样本按照市场预期从小到大平均分为低、中、高三组。当 CAR_D处于最低组时，说明投资者预期较低，如果管理者终止了重组，则意味着管理者的并购决策倾听了市场的声音，此时，Pre_dum 被赋值为 1；当 CAR_D 处于中、高组时，说明企业终止决策与市场预期相悖，Pre_dum 被赋值为 0。

（3）控制变量。

根据以往的文献，我们控制了下列可能影响公司绩效的因

---

① 并购当年是指并购预案公告的当年。

② 年度行业中位数调整是用样本公司的绩效指标减去当年度样本公司所在行业各公司该绩效指标的中位数。

素：公司规模（Size）、财务杠杆率（Lev）、公司现金流（CFlow）、董事会规模（BoardSize）、外部董事比例（Outsize）、股权制衡（Disp）、董事长总经理兼任（Cirplum）、企业性质（State）、管理者持股比例（Magstk）和机构持股比例（Insstk），变量的相关定义与第 5 章中的表 5－3 一致。

6.2.2.3　样本选择与数据来源

本部分所用样本来源于本书第 5 章中的样本，但由于涉及长期绩效的计算，删除了 2013 年和 2014 年的 233 个样本①，另外有 5 个样本在计算长期绩效时存在缺失值，予以剔除，余下的 361 个并购事件将是本部分研究的有效样本，表 6－7 对这部分样本的重组结果进行了列示。

表 6－7　　样本重组结果的基本情况

重组结果	具体情况	N	总体样本占比
成功完成	证监会审核通过	248	68.70%
终止完成	被迫终止	33	9.14%
	其中：股东大会否决	9	2.49%
	审核未通过	24	6.65%
	自行终止	70	19.39%
	其中：未召开股东大会	40	11.08%
	撤销审核申请	30	8.31%
	其他	10	2.77%
	小计	113	31.30%
合计		361	100%

从表 6－7 可知，在 361 个总样本中，并购失败的有 113 个，

① 为了保证样本的数量，本书保留了 2012 年的样本，而这些样本将无法计算并购后两年与并购前一年的绩效变化情况。

占比约为1/3；自行终止的为70个，占比约1/5，其中“未召开股东大会”的自行终止为40个，这40个样本将是本书考察终止决策后果的关键样本。本部分所用数据来源与第5章中一致。为了控制变量异常值的影响，本书对连续变量均进行了上下1%水平的Winsorize处理。

6.2.3 实证结果分析

6.2.3.1 长期绩效指标的单变量分析

按照前文的指标定义，本书首先对并购公告后当年、并购公告后一年、并购公告后两年与并购公告前一年的TobinQ和ROA的绩效变化进行测算。表6-8对各绩效指标的均值进行了列示，根据结果，长期市场绩效指标（ΔTobinQ）与长期财务绩效指标（ΔROA）在变化趋势上存在差异：财务绩效逐年上升且更加显著，说明整体来看，样本公司的财务绩效逐年得到改善；但市场绩效在并购公告当年获得最大收益，随后逐年下降且倾向为负。进一步，本书对样本按照是否并购成功分组（结果见表6-8），结果发现：并购成功组的财务绩效指标（ΔROA）逐年上升，说明并购重组未给企业带来绩效的改善；并购成功组的市场绩效（ΔTobinQ）逐年下降且倾向为负，这与李善民和朱滔（2005b）采用BHAR得出的并购公司长期市场绩效倾向为负的结论比较一致；两组对比，并购终止组的市值增长额逐年增长且显著优于并购成功组，这似乎有悖常理，一个可能的解释是，重组成功股并未给投资者带来显著的长期财富，而重组终止股却因为“重启重组”的预期存在被市场炒作的可能。

6.2.3.2 回归分析

为验证本章的假设6-2，本书采用模型（6-2）分别利用六个绩效指标对全样本进行回归，回归结果见表6-9。研究结

表 6－8　　　　　　长期绩效指标的单变量分析

统计量	全样本		分组对比				两组差异
			并购成功组		并购终止组		
	N	mean	N	Mean	N	Mean	Diff
$\Delta TobinQ_0$	361	0.453***	248	0.479	113	0.395	0.084
$\Delta TobinQ_1$	361	0.155*	248	0.014	113	0.463	－0.449**
$\Delta TobinQ_2$	289	－0.168	187	－0.315	102	0.101	－0.416**
ΔROA_0	361	0.82%*	248	1.59%	113	－0.86%	2.47%**
ΔROA_1	361	1.67%***	248	2.40%	113	0.06%	2.34%**
ΔROA_2	289	2.43%***	187	3.12%	102	1.18%	1.94%

注：***、** 和 * 分别表示 1%、5% 和 10% 的显著性水平

果表明：

（1）从长期市场绩效指标（TobinQ）来看，并购当年、并购后一年的市场绩效改善与预案公告时的市场反应显著正相关（p 值均小于 0.01），并购后两年仍然在相关，但显著性有所降低（$p<0.1$），这说明投资者的市场预期与企业的长期市场绩效具有一致性。这可能意味着股价的市场预期体现了投资者对并购事件的乐观预期，其结果直接导致企业的市场表现较好，从而市场反应与长期市场绩效较易获得一致。

（2）从长期财务指标（ROA）来看，在并购当年和并购后第一年，ROA 与 CAR_D 的回归系数均不显著，但并购后两年的回归系数在 5% 的水平上显著，说明在较长的期间后，股价的市场预期才与企业绩效改善具有一致性。这可能与本书的样本选择有关，由于重大资产重组的全过程一般都较长，从并购预案公告到证监会审核通过、再到重组方案得以实施，期间可能长达一两年，重组事件带来的业绩改善在较长期间才得以实现。因此，本书的假设 6－2 在一定程度上得到了验证，即预案公告时的市场

反应与企业的长期绩效改善正相关。

表 6－9　　长期绩效与市场预期的回归分析

解释变量	第 0 年		第 1 年		第 2 年	
	$\Delta TobinQ_0$	ΔROA_0	$\Delta TobinQ_1$	ΔROA_1	$\Delta TobinQ_2$	ΔROA_2
	(1)	(2)	(3)	(4)	(5)	(6)
CAR_D	1.419***	0.001	0.888***	0.029	0.613*	0.044**
	(4.53)	(0.07)	(2.85)	(1.51)	(1.80)	(2.15)
Size	0.006	－0.002	0.075	－0.001	0.244***	－0.013**
	(0.10)	(－0.47)	(1.31)	(－0.17)	(2.61)	(－2.36)
Lev	－0.460	0.083***	0.264	0.019	－0.605*	0.073***
	(－1.53)	(4.49)	(0.88)	(1.03)	(－1.81)	(3.66)
CFlow	1.473	－0.048	－0.197	－0.068	－0.976	－0.125*
	(1.42)	(－0.75)	(－0.19)	(－1.07)	(－0.83)	(－1.79)
BoardSize	－0.035	0.000	－0.032	0.001	－0.065	0.003
	(－0.67)	(0.09)	(－0.61)	(0.45)	(－1.08)	(0.97)
Outsize	－1.621	0.161	－0.499	0.003	－1.542	－0.029
	(－0.96)	(1.55)	(－0.30)	(0.03)	(－0.79)	(－0.25)
Disp	0.014	0.000	0.004	－0.000	0.028*	0.001
	(0.96)	(0.33)	(0.29)	(－0.55)	(1.77)	(0.98)
Cirplum	0.054	0.013	－0.217	0.028**	－0.188	0.005
	(0.24)	(0.92)	(－0.97)	(2.03)	(－0.72)	(0.31)
State	－0.243	－0.002	－0.344*	0.021*	0.068	0.035**
	(－1.19)	(－0.19)	(－1.70)	(1.72)	(0.29)	(2.49)
MagStk	1.177	－0.029	2.312*	－0.118	3.347**	－0.006
	(0.88)	(－0.35)	(1.74)	(－1.46)	(1.99)	(－0.06)
InsStk	－0.019**	0.001	－0.008	－0.000	－0.013	－0.000
	(－2.18)	(1.24)	(－0.92)	(－0.82)	(－1.23)	(－0.78)

续表

解释变量	第 0 年		第 1 年		第 2 年	
	$\Delta TobinQ_0$	ΔROA_0	$\Delta TobinQ_1$	ΔROA_1	$\Delta TobinQ_2$	ΔROA_2
	(1)	(2)	(3)	(4)	(5)	(6)
_cons	1.408	-0.069	-0.957	-0.008	-3.990*	0.215*
	(1.01)	(-0.81)	(-0.69)	(-0.09)	(-1.92)	(1.74)
N	361	361	361	361	289	289
R^2	0.101	0.071	0.059	0.046	0.095	0.134
调整 R^2	0.073	0.042	0.029	0.016	0.059	0.100
F	3.568	2.436	1.976	1.538	2.649	3.911

注：①第 0、1、2 年分别表示并购当年、并购后第 1 年、并购后第 2 年。

②第 2 年的观察值较少是由于 2012 年的并购样本无法获得并购后两年的数据。

③ ***、** 和 * 分别表示 1%、5% 和 10% 的显著性水平。

为验证假设 6－3，本书按照模型（6－3）分别利用六个绩效指标对全样本进行回归，回归结果见表 6－10。

表 6－10　并购决策的长期绩效回归分析——基于市场预期

解释变量	第 0 年		第 1 年		第 2 年	
	$\Delta TobinQ_0$	ΔROA_0	$\Delta TobinQ_1$	ΔROA_1	$\Delta TobinQ_2$	ΔROA_2
	(1)	(2)	(3)	(4)	(5)	(6)
Pre_dum	0.298	0.049*	0.283	-0.011	-0.142	0.016
	(0.54)	(1.72)	(0.47)	(-0.30)	(-0.21)	(0.49)
Size	0.616*	0.030*	0.949**	0.009	0.710	0.022
	(1.94)	(1.83)	(2.75)	(0.45)	(1.63)	(1.06)
Lev	-1.299	-0.023	-0.682	-0.056	-0.871	-0.039
	(-1.34)	(-0.46)	(-0.64)	(-0.90)	(-0.77)	(-0.74)
CFlow	-1.537	0.009	-6.805*	0.047	-3.902	-0.282
	(-0.47)	(0.05)	(-1.90)	(0.22)	(-1.02)	(-1.58)

续表

解释变量	第0年		第1年		第2年	
	$\Delta TobinQ_0$	ΔROA_0	$\Delta TobinQ_1$	ΔROA_1	$\Delta TobinQ_2$	ΔROA_2
	(1)	(2)	(3)	(4)	(5)	(6)
BoardSize	-0.035	-0.003	-0.089	0.012	-0.010	0.015
	(-0.18)	(-0.25)	(-0.41)	(0.94)	(-0.04)	(1.39)
Outsize	0.595	0.719**	4.261	0.551	-0.521	0.573
	(0.09)	(2.14)	(0.60)	(1.34)	(-0.06)	(1.49)
Disp	-0.053	-0.004	-0.090	-0.003	-0.050	-0.004
	(-0.85)	(-1.28)	(-1.33)	(-0.73)	(-0.67)	(-1.13)
Cirplum	0.322	-0.039	0.904	-0.028	1.008	-0.072
	(0.49)	(-1.15)	(1.26)	(-0.68)	(1.11)	(-1.69)
State	-0.317	0.028	-0.712	-0.012	-1.065	0.031
	(-0.53)	(0.89)	(-1.09)	(-0.31)	(-1.29)	(0.80)
MagStk	-1.4	-1.73	5.2	-2.47	1.8	1.654
	(-0.47)	(-1.08)	(0.15)	(-1.26)	(0.49)	(0.01)
InsStk	-0.034	-0.002	-0.030	-0.002	-0.016	-0.003**
	(-1.32)	(-1.54)	(-1.06)	(-1.07)	(-0.53)	(-2.13)
_cons	-11.334	-0.845**	-16.016**	-0.412	-13.265	-0.736
	(-1.61)	(-2.31)	(-2.47)	(-0.92)	(-1.34)	(-1.59)
N	40	40	40	40	35	35
R^2	0.179	0.404	0.312	0.260	0.275	0.422
调整 R^2	0.143	0.171	0.042	0.030	0.072	0.145
F	0.555	1.729	1.154	0.895	0.792	1.525

注：***、** 和 * 分别表示 1%、5% 和 10% 的显著性水平。

表 6-10 的结果表明：

（1）从长期市场绩效指标（ΔTobinQ）来看，Pre_dum 的系数在并购当年、并购后一年均为正，说明当并购终止决策符合市场预期时，市场投资者给予了正面的反应，企业能获得正的市场绩效的提升，但是结果并不显著，未完全证明本章的假设6-3。在并购后两年，Pre_dum的系数为负且不显著，基本说明终止决策是否符合市场预期对长期市场价值的影响不大。

（2）从长期财务绩效指标（ΔTobinQ）来看，Pre_dum的系数在并购当年显著为正（$p<0.1$），这在一定程度上了验证了本章的假设6-3，即当管理者的终止决策符合市场预期时，有利于企业当年绩效的提升。但随后两年的绩效均不显著，说明市场信息对企业绩效的影响不具有延续性。

6.3　本章小结

本章基于预案公告时的市场预期，从短期和长期两个方面考察了企业并购终止决策的后果。

从短期来看，并购终止平均为投资者带来了47.48%的财富损失。具体而言，并购终止时的市场反应随市场预期的不同而呈现差异：当企业的终止决策符合市场预期时，终止时的市场反应将发生显著的向上反转；当企业终止决策不符合市场预期时，反转效应并不显著。可见，如果并购终止决策是管理者倾听市场声音的结果，短期内将在一定程度上弥补投资者前期遭受的投资损失，反之则会造成投资者短期内的财富损失。这意味着我国投资者能较理性地通过“市场声音”来参与企业的决策活动。

从长期来看，预案公告时的股价信息具有一定的预期性，说明市场投资者对并购方案所传递的信息能合理辨别，对并购公司的未来价值具有较好的估值能力。当企业的终止决策符合市场预期时，企业的长期市场绩效会有少量提升，但结果不显著；而企业的财务绩效在并购当年会有显著提升，这在一定程度上说明依据投资者传递的市场信息进行的决策有利于企业绩效的改善。

本章的研究结论表明，我国资本市场的股价信息具有一定的预期性作用，且当企业的决策符合市场预期时（即管理者倾听市场的声音），将更有利于投资者利益保护和企业绩效提升，验证了资本市场的股价信息有利于引导实体经济投资决策的优化这一命题。因此，为有效发挥资本市场的资源配置功能，提高实体经济的投资效率，富有信息含量的股价是根本。

第7章 结论、局限和展望

7.1　研究结论与启示

7.1.1　研究结论

本书基于股改后上市公司重大资产重组的样本数据，按照“预案公告—市场反应—管理层决策—决策后果”的研究主线，首先较全面地分析了重大资产重组预案公告时的短期市场反应及其影响因素，进而考察了企业管理者的并购决策（是否终止）与预案公告时市场反应之间的关系，并进一步基于投资者的市场预期分析了管理层决策的短期和长期后果，全书研究的核心目的在于验证全流通背景下我国资本市场的股价能否为企业管理者传递有价值的信息。本书主要的研究结论如下：

（1）重大资产重组事件的停牌机制在一

定程度上抑制了内幕交易的发生，预案公告日附近的市场反应较能真实地揭示投资者的市场预期，但仍然存在信息提前泄露的情况（如资产置换方式的重组事件和创业板块的重组事件），这说明我国重大资产重组的信息披露制度仍待加强。同时发现，在重大资产重组中，投资者存在“题材炒作”现象，投资者的非理性行为导致了股价短期反应不足、长期反应过度的情况。

（2）在我国的并购决策中，管理层存在倾听市场声音的行为，当并购预案公告的市场反应越差时，企业自行终止并购的可能性越大。该结论与国外的研究成果一致（Luo，2005；Kau et al.，2008；Chen et al.，2007；Masulis et al.，2009；Chikh and Filbien，2011；Liu and McConnell，2013），这在一定程度上证明了企业管理层认为资本市场的股价信息是有价值的信息资源。

（3）本书从管理者、大股东和机构投资者三个维度对管理层倾听市场声音的原因进行了分析，结果发现：管理者持股并不能发挥约束代理行为的作用，相反，管理者持股比例越大，管理层倾听市场声音的可能性越低，支持了管理主义理论；第一大股东对管理层是否倾听市场的声音的影响不是很显著，但在个人利益受损的情况，第一大股东能在一定程度上促使企业管理层关注市场信息；机构投资者能够有效地发挥监督作用，机构持股比例越大，管理层更有可能关注市场信息，进而调整并购决策。

（4）基于预案公告时的市场预期，从短期和长期两个方面考察了企业并购终止决策的后果。从短期来看，当终止决策符合市场预期时，相比于预案公告时的市场反应，终止时的市场反应存在显著的反转现象；当企业决策不符合市场预期时，反转效应并不显著。从长期来看，与不符合市场预期的情况相比，符合市场预期的终止决策会更有利于企业市场绩效的提升，但结果不显著；但企业的财务绩效在并购当年会有显著提升。结果表明，尽管投资者的非理性行为导致股价的异常波动，但平均来看，预案公告时的股价信息仍为企业管理者传递了有价值的信息，长期来看有利于提高企业的投资效率。

7.1.2　政策建议

信息是资本市场的根本，资本市场的资源配置功能通过信息的有效传导得以发挥。本书的实证结果支持了资本市场的股价信息有利于引导实体经济投资决策的优化这一命题，为此，提高股价信息含量、实现信息的有效传导是资本市场健康发展的关键，对于监管方而言，可从以下几个方面进一步加强：

（1）为投资者监督企业消除信息不对称提供制度性安排。2008 年《重大资产重组管理办法》取消了长期停牌机制，这一政策的变化实现了企业与投资者之间良好的信息沟通，有效地发挥了中小投资者的监督机制，合理地维护了中小投资者的合法权益。然而，本书研究发现资产重组中仍存在信息提前泄露的情况，因此，监管层在制度设计上仍要严格控制内幕交易和市场操纵行为，特别是随着“简政放权”的市场化重组的不断推进，我国现阶段大幅取消了并购重组行政审批，如何加强信息披露监管、强化事中监管手段仍是重大资产重组制度建设中的重中之重。

（2）积极发展培育市场中介。推进市场化重组，完善的市场主体是关键，任何非理性的股价波动都将有损资本市场的资源配置功能。本书在研究中发现投资者在“重组股”中存在“题材炒作”和过度反应的现象，为保证资本市场的信息解读、传递和配置的质量及效率，应积极壮大包括审计、注册会计师、券商和财务顾问等市场中介机构，提高市场对信息公正、专业的解读能力，进而实现市场对信息的合理反应，提高股价信息含量。

（3）强化投资者的监督机制。为提高投资者积极参与公司治理的意愿，监管部门应大力推进投资者教育，鼓励并引导投资者积极参与监督，强化股东自治，促进市场主体的自我约束机制。同时，应统筹安排和均衡发展各类机构投资者，形成具有专业才能的多元化、多层次的机构投资者队伍，引导机构投资者通过价值发现投资获利，以促进证券市场持续健康地发展。

总之，信息在上市公司与资本市场之间是一个双向传递的过程，一方面应强化上市公司的信息披露机制、减少信息不对称；另一方面应积极引导投资者的理性投资行为、防止股价的非理性波动，从而实现投融资双方良好的信息传递，充分发挥资本市场的资源配置功能。

7.2　研究不足与展望

虽然本书针对股价信息对实体经济具体投资决策的影响进行了一些探索性研究，并得出了期望的结果，但局限于笔者的学识和研究水平，文中难免存在一些不到位、有待深入之处，还有很多问题有待继续完善、深化和拓展，具体表现在以下几个方面：

（1）样本是本书最大的局限。因本书重点研究的是股权分置改革后的重大资产重组样本，这导致本书的总样本及并购终止的样本均不大，特别是在考察并购终止决策的长期绩效时，由于指标计算的需要，使得样本进一步缩小。随着市场化重组的不断推进，重大资产重组正逐渐增多，这将为以后获取更大的样本提供便利，笔者今后将不断扩展数据样本，以获得更为稳健的结果。

（2）因重大资产重组事件的复杂性，本书在手工搜集和整理重大资产重组事件的交易特征变量时可能不够全面，对于指标的处理也可能存在不合理之处。为充分捕捉重大资产重组的各类交易特征对并购绩效的影响，今后将进一步完善变量指标体系。

（3）因本书重点关注资本市场的股价信息对企业终止决策的影响，侧重于考察企业的自行终止，而对被迫终止的具体原因未进行深入探讨。此外，对于制度因素的影响也未能细化，但制度因素对上市公司并购重组活动有着重要的影响，不同的制度变迁可能会与市场的股价共同作用于企业的重组决策。例如，2010 年 4 月和 10 月，国务院先后出台的《国务院关于进一步加强淘汰落后产能工作的通知》（国发〔2010〕7 号）和《国务院关于加快培育和发展战略性新兴产业的决定》（国发〔2010〕32 号），明确提出把推动市场化并购重组作为行业整合和产业升级的有效实现途径，这些政策因素对企业并购终止的影响将是一个非常有意思的话题。

（4）股价波动中所涵盖的投资者私有信息可能是投资者的理性行为和非理性行为共同作用的结果，本书在市场反应的测算时未剔除投资者非理性行为的影响。此外，在重组中，涨跌停板现象较多，我国的涨跌停板政策限制可能会导致市场对受限制公司的反应不够充分，本书也未对其进行细致区分。

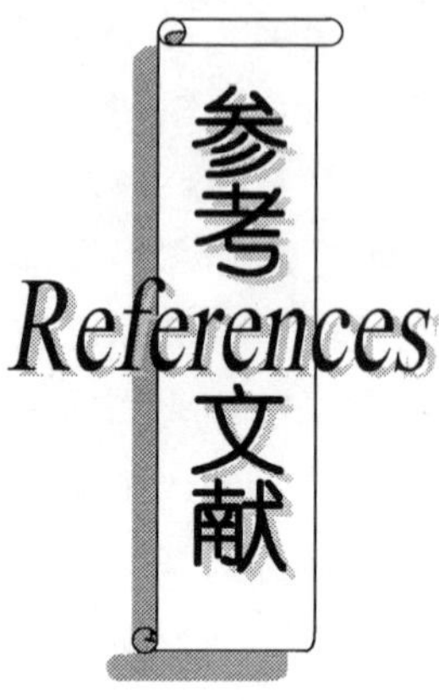

[1] Agrawal, A., Jaffe, J. F. The Post – merger Performance Puzzle [J]. Advances in Mergers & Acquisitions, 2000, (1): 7 –41.

[2] Ahern, K. R. Bargaining power and industry dependence in mergers [J]. Journal of Financial Economics, 2012, 103 (3): 530 –550.

[3] Aktas, N., Bodt, E. d., Roll, R. Learning, hubris and corporate serial acquisitions [J]. Journal of Corporate Finance, 2009, 15 (5): 543 –561.

[4] Aktas, N., Bodt, E. d., Roll, R. Serial acquirer bidding: An empirical test of the learning hypothesis [J]. Journal of Corporate Finance, 2011, 17 (1): 18 –32.

[5] Alexandridis, G., Antoniou, A., Zhao, H. Belief asymmetry and gains from acquisitions [J]. Journal of Multinational Financial Management, 2008, 18 (5): 443 –460.

[6] Andrade, G., Mitchell, M., Stafford, E. New Evidence and Perspectives on Mergers [J]. Journal of Economic Perspectives, 2001, 15 (2): 103 - 120.

[7] Asquith, P., Bruner, R. F., Mullins Jr, D. W. The gains to bidding firms from merger [J]. Journal of Financial Economics, 1983, 11 (1): 121 - 139.

[8] Baker, M., Pan, X., Wurgler, J. The effect of reference point prices on mergers and acquisitions [J]. Journal of Financial Economics, 2012, 106 (1): 49 - 71.

[9] Baker, M., Stein J. and Wurgler J. 2003, Does the Market Matter? Stock Prices and the Investment of Equity - Dependent Firms [J]. The Quarterly Journal of Economics, 2003, 118 (3): 969 - 1005.

[10] Baker M, Wurgler J. Behavioral corporate finance: An updated survey [R]. National Bureau of Economic Research, 2011.

[11] Baker, M. P., Ruback, R. S., Wurgler, J. A. Behavioral Corporate Finance: A Survey [J]. Working Paper, 2004.

[12] Bali, T. G., Peng, L., Shen, Y., et al. Liquidity Shocks and Stock Market Reactions [J]. Review of Financial Studies, 2014, 27 (5): 1434 - 1485.

[13] Becht, M., Polo, A., Rossi, S. Does Mandatory Shareholder Voting Prevent Bad Acquisitions? [J]. European Corporate Governance Institute (ECGI) - Finance Working Paper, 2014.

[14] Bena, J. A. N., Li, K. A. I. Corporate Innovations and Mergers and Acquisitions [J]. The Journal of Finance, 2014, 69 (5): 1923 - 1960.

[15] Betton, S., Eckbo, B. E., Thompson, R. E. X., et

al. Merger Negotiations with Stock Market Feedback [J]. The Journal of Finance, 2014, 69 (4): 1705 - 1745.

[16] Bond, P., Edmans, A., Goldstein, I. The Real Effects of Financial Markets [J]. Annual Review of Financial Economics, 2012, 4 (1): 339 - 360.

[17] Boubakri, N., Chazi, A., Khallaf, A. Targets Performance in Terminated Bids: An Empirical Examination [J]. Quarterly Journal of Finance and Accounting, 2010, 49 (3): 87 - 111.

[18] Bouwman, C. H. S., Fuller, K., Nain, A. S. Market Valuation and Acquisition Quality: Empirical Evidence [J]. Review of Financial Studies, 2009, 22 (2): 633 - 769.

[19] Bradley, M., Desai, A., Kim, E. H. Synergistic gains from corporate acquisitions and their division between the stockholders of target and acquiring firms [J]. Journal of Financial Economics, 1988, 21 (1): 3 - 40.

[20] Bruner, R. Where M&A pays and where it strays: A survey of the research [J]. Journal of Applied Corporate Finance, 2004, 16 (4): 63 - 76.

[21] Bruner, R. F. Does M&A pay? A survey of evidence for the decision - maker [J]. Journal of Applied Finance, 2002, 12 (1): 48 - 68.

[22] Cai, Y., Sevilir, M. Board connections and M&A transactions [J]. Journal of Financial Economics, 2012, 103 (2): 327 - 349.

[23] Campbell, J. Y., Andrew, W. L., A. Craig Mackinlay. The econometrics of financial markets [M]. Princeton University Press, 1997.

[24] Chan, K., Chan, Y. C. Price informativeness and stock return synchronicity: Evidence from the pricing of seasoned equity offerings [J]. Journal of Financial Economics, 2014, 114 (1): 36-53.

[25] Chen, Q., Goldstein, I., Jiang, W. Price Informativeness and Investment Sensitivity to Stock Price [J]. Review of Financial Studies, 2007, 20 (3): 619-650.

[26] Chen, X., Harford, J., Li, K. Monitoring: Which institutions matter? [J]. Journal of Financial Economics, 2007, 86 (2): 279-305.

[27] Chhaochharia, V., Kumar, A., Niessen-Ruenzi, A. Local investors and corporate governance [J]. Journal of Accounting and Economics, 2012, 54 (1): 42-67.

[28] Chikh, S., Filbien, J. Y. Acquisitions and CEO power: Evidence from French networks [J]. Journal of Corporate Finance, 2011, 17 (5): 1221-1236.

[29] Croci, E., Petmezas, D., Vagenas-Nanos, E. Managerial overconfidence in high and low valuation markets and gains to acquisitions [J]. International Review of Financial Analysis, 2010, 19 (5): 368-378.

[30] Davidson, W. N., Dutia, D., Cheng, L. A Re-Examination of the Market Reaction to Failed Mergers [J]. The Journal of Finance, 1989, 44 (4): 1077-1083.

[31] Deng, X., Kang, J. K., Low, B. S. Corporate social responsibility and stakeholder value maximization: Evidence from mergers [J]. Journal of Financial Economics, 2013, 110 (1): 87-109.

[32] Devos, E., Kadapakkam, P. – R., Krishnamurthy, S. How Do Mergers Create Value? A Comparison of Taxes, Market Power, and Efficiency Improvements as Explanations for Synergies [J]. Review of Financial Studies, 2009, 22 (3): 1179 – 1211.

[33] Dittmar, A., Field, L. C. Can managers time the market? Evidence using repurchase price data [J]. Journal of Financial Economics, 2014, forthcoming.

[34] Dodd, P. Merger proposals, management discretion and stockholder wealth [J]. Journal of Financial Economics, 1980, 8 (2): 105 – 137.

[35] Dow, J., Gorton, G. Stock Market Efficiency and Economic Efficiency: Is There a Connection? [J]. The Journal of Finance, 1997, 52 (3): 1087 – 1129.

[36] Dutta, S., Jog, V. The long – term performance of acquiring firms: A re – examination of an anomaly [J]. Journal of Banking & Finance, 2009, 33 (8): 1400 – 1412.

[37] Dye, R. A., Sridhar, S. Resource Allocation Effects of Price Reactions to Disclosures [J]. Contemporary Accounting Research, 2002, 19 (3): 385 – 410.

[38] Edmans, A. Blockholder Trading, Market Efficiency, and Managerial Myopia [J]. The Journal of Finance, 2009, 64 (6): 2481 – 2513.

[39] Edmans A, Goldstein I, Jiang W. The real effects of financial markets: The impact of prices on takeovers [J]. The Journal of Finance, 2012, 67 (3): 933 – 971.

[40] Erel, I., Jang, Y., Weisbach, M. S. Do Acquisitions Relieve Target Firms' Financial Constraints? [J]. The Journal of

Finance, 2014, forthcoming.

[41] Erickson, M., Wang, S. W. Earnings management by acquiring firms in stock for stock mergers [J]. Journal of Accounting and Economics, 1999, 27 (2): 149 - 176.

[42] Fuller, K., Netter, J., Stegemoller, M. What do returns to acquiring firms tell us? Evidence from firms that make many acquisitions [J]. The Journal of Finance, 2002, 57 (4): 1763 - 1793.

[43] Ghosh, A. Does operating performance really improve following corporate acquisitions? [J]. Journal of corporate finance, 2001, 7 (2): 151 - 178.

[44] Goldstein, I., Yang, L. Market Efficiency and Real Efficiency: The Connect and Disconnect Via Feedback Effects [J]. working paper, 2014.

[45] Gompers, P. A., Ishii, J., Metrick, A. Extreme governance: An analysis of dual - class firms in the United States [J]. Review of Financial Studies, 2010, 23 (3): 1051 - 1088.

[46] Gong, N., Guo, L. CEO Power and Mergers and Acquisitions [J]. working paper, 2014.

[47] Goodman, T. H., Neamtiu, M., Shroff, N., et al. Management forecast quality and capital investment decisions [J]. The Accounting Review, 2013, 89 (1): 331 - 365.

[48] Goranova, M., Dharwadkar, R., Brandes, P. Owners on both sides of the deal: mergers and acquisitions and overlapping institutional ownership [J]. Strategic Management Journal, 2010, 31 (10): 1114 - 1135.

[49] Gu, Z., Li, Z., Yang, Y. G. Monitors or Predators: The Influence of Institutional Investors on Sell - Side Analysts [J].

The Accounting Review, 2013, 88 (1): 137 - 169.

[50] Harford, J. What drives merger waves? [J]. Journal of Financial Economics, 2005, 77 (3): 529 - 560.

[51] Harford, J., Humphery - Jenner, M., Powell, R. The sources of value destruction in acquisitions by entrenched managers [J]. Journal of Financial Economics, 2012, 106 (2): 247 - 261.

[52] Healy, P. M., Palepu, K. G., Ruback, R. S. Does corporate performance improve after mergers? [J]. Journal of Financial Economics, 1992, 31 (2): 135 - 175.

[53] Hirshleifer, D., Subrahmanyam, A., Titman, S. Feedback and the success of irrational investors [J]. Journal of Financial Economics, 2006, 81 (2): 311 - 338.

[54] Hoberg, G., Phillips, G. Product market synergies and competition in mergers and acquisitions: A text - based analysis [J]. Review of Financial Studies, 2010, 23 (10): 3773 - 3811.

[55] Huang, Q., Jiang, F., Lie, E., et al. The role of investment banker directors in M&A [J]. Journal of Financial Economics, 2014, 112 (2): 269 - 286.

[56] Ishii, J., Xuan, Y. Acquirer - target social ties and merger outcomes [J]. Journal of Financial Economics, 2014, 112 (3): 344 - 363.

[57] Jacobsen, S. The death of the deal: Are withdrawn acquisition deals informative of CEO quality? [J]. Journal of Financial Economics, 2014, 114 (1): 54 - 83.

[58] Jennings, R. H., Mazzeo, M. A. Stock Price Movements around Acquisition Announcements and Management's Response [J]. Journal of Business, 1991, 64 (2): 139 - 163.

[59] Jensen, M. C., Ruback, R. S. The market for corporate control: The scientific evidence [J]. Journal of Financial economics, 1983, 11 (1): 5 -50.

[60] Kau, J. B., Linck, J. S., Rubin, P. H. Do managers listen to the market? [J]. Journal of Corporate Finance, 2008, 14 (4): 347 -362.

[61] Kolasinski A C, Kothari S P. Investment banking and analyst objectivity: Evidence from analysts affiliated with mergers and acquisitions advisors [J]. Journal of Financial and Quantitative Analysis, 2008, 43 (4): 817 -842.

[62] Lee, C. M. C., Li, K. K., Zhang, R. Shell Games: The Long Term Performance of Chinese Reverse Merger Firms [J]. The Accounting Review, 2014, forthcoming.

[63] Levi, M., Li, K., Zhang, F. Director gender and mergers and acquisitions [J]. Journal of Corporate Finance, 2014, 28 (10): 185 -200.

[64] Lilienfeld - Toal, U. V., Ruenzi, S. CEO Ownership, Stock Market Performance, and Managerial Discretion [J]. The Journal of Finance, 2014, 69 (3): 1013 -1050.

[65] Liu, B., Mcconnell, J. J. The role of the media in corporate governance: Do the media influence managers' capital allocation decisions? [J]. Journal of Financial Economics, 2013, 110 (1): 1 -17.

[66] Liu, Y., Taffler, R. Damned out of their own mouths: CEO overconfidence in M&A decision making and its impact on firm performance [J]. Working paper, 2008.

[67] Louis, H., Sun, A. Investor Inattention and the Market

Reaction to Merger Announcements [J]. Management Science, 2010, 56 (10): 1781 -1793.

[68] Luo, Y. Do Insiders Learn from Outsiders? Evidence from Mergers and Acquisitions [J]. The Journal of Finance, 2005, 60 (4): 1951 -1982.

[69] Madura, J., Ngo, T. Withdrawals of mergers involving private targets [J]. Applied Financial Economics, 2012, 22 (4): 313 -320.

[70] Malmendier, U., Tate, G. Who makes acquisitions? CEO overconfidence and the market's reaction [J]. Journal of Financial Economics, 2008, 89 (1): 20 -43.

[71] Mandelker, G. Risk and return: The case of merging firms [J]. Journal of Financial Economics, 1974, 1 (4): 303 -335.

[72] Masulis, R. W., Wang, C., Xie, F. Corporate Governance and Acquirer Returns [J]. Journal of Finance, 2007, 62 (4): 1851 -1889.

[73] Masulis R W, Wang C, Xie F. Agency problems at dual - class companies [J]. The Journal of Finance, 2009, 64 (4): 1697 -1727.

[74] Mcnichols, M. F., Stubben, S. R. The effect of target - firm accounting quality on valuation in acquisitions [J]. Review of Accounting Studies, 2014, forthcoming.

[75] Mirman, L. J., Salgueiro, E., Santugini, M. Learning in a Perfectly Competitive Market [J]. CIRPEE Woring Paper, 2014, 14 -23.

[76] Mitchell, M. L., Stafford, E. Managerial decisions and

long - term stock price performance [J]. The Journal of Business, 2000, 73 (3): 287 -329.

[77] Moeller, S. B., Schlingemann, F. P., Stulz, R. M. Firm size and the gains from acquisitions [J]. Journal of Financial Economics, 2004, 73 (2): 201 -228.

[78] Moeller, S. B., Schlingemann, F. P., Stulz, R. M. Wealth destruction on a massive scale? A study of acquiring - firm returns in the recent merger wave [J]. The Journal of Finance, 2005, 60 (2): 757 -782.

[79] Morck, R., Shleifer, A., Vishny, R. W., et al. The Stock Market and Investment: Is the Market a Sideshow? [J]. Brookings Papers on Economic Activity, 1990, 1990 (2): 157 -215.

[80] Morck, R., Yeung, B., Yu, W. The information content of stock markets: why do emerging markets have synchronous stock price movements? [J]. Journal of Financial Economics, 2000, 58 (1 - 2): 215 -260.

[81] Moyen, N., Platikanov, S. Corporate Investments and Learning [J]. Review of Finance, 2013, 17 (4): 1437 -1488.

[82] Netter, J., Stegemoller, M., Wintoki, M. B. Implications of data screens on merger and acquisition analysis: A large sample study of mergers and acquisitions from 1992 to 2009 [J]. Review of Financial Studies, 2011, 24 (7): 2316 -2357.

[83] Neuhauser, K. L., Davidson Iii, W. N., Glascock, J. L. An analysis of failed takeover attempts and merger cancellations [J]. International Journal of Managerial Finance, 2011, 7 (4): 347 -376.

[84] Otto, C. A. CEO optimism and incentive compensation

[J]. Journal of Financial Economics, 2014, 114 (2): 366 - 404.

[85] Ouyang, W., Szewczyk, S. Stock Price Idiosyncratic Information and Merger Investment Decisions [J]. working paper, 2012.

[86] Paul, D. L. Board composition and corrective action: evidence from corporate responses to bad acquisition bids [J]. Journal of Financial and Quantitative Analysis, 2007, 42 (3): 759 - 783.

[87] Peress, J. The Media and the Diffusion of Information in Financial Markets: Evidence from Newspaper Strikes [J]. The Journal of Finance, 2014, 69 (5): 2007 - 2043.

[88] Peress, J. Learning from Stock Prices and Economic Growth [J]. Review of Financial Studies, 2014, 27 (10): 2998 - 3059.

[89] Povel, P., Sertsios, G. Getting to know each other: The role of toeholds in acquisitions [J]. Journal of Corporate Finance, 2014, 26: 201 - 224.

[90] Rhodes - Kropf, M., Robinson, D. T., Viswanathan, S. Valuation waves and merger activity: The empirical evidence [J]. Journal of Financial Economics, 2005, 77 (3): 561 - 603.

[91] Rhodes - Kropf, M., Viswanathan, S. Market valuation and merger waves [J]. The Journal of Finance, 2004, 59 (6): 2685 - 2718.

[92] Roll, R. The Hubris Hypothesis of Corporate Takeovers [J]. Journal of Business, 1986, 59 (2): 197 - 216.

[93] Safieddine, A., Titman, S. Leverage and corporate performance: Evidence from unsuccessful takeovers [J]. The Journal of Finance, 1999, 54 (2): 547 - 580.

[94] Savor, P. G., Lu, Q. I. Do Stock Mergers Create Value for Acquirers? [J]. Journal of Finance, 2009, 64 (3): 1061 -1097.

[95] Shiller, R. J. From Efficient Markets Theory to Behavioral Finance [J]. The Journal of Economic Perspectives, 2003, 17 (1): 83 -104.

[96] Shleifer, A., Vishny, R. W. Stock market driven acquisitions [J]. Journal of financial Economics, 2003, 70 (3): 295 -311.

[97] Singh, R., Yerramilli, V. Market efficiency, managerial compensation, and real efficiency [J]. Journal of Corporate Finance, 2014, forthcoming.

[98] Subrahmanyam, A., Titman, S. Financial Market Shocks and the Macroeconomy [J]. Review of Financial Studies, 2013, forthcoming.

[99] Tian, J. Board Monitoring and Endogenous Information Asymmetry [J]. Contemporary Accounting Research, 2014, 31 (1): 136 -151.

[100] Tuch, C., O'sullivan, N. The impact of acquisitions on firm performance: A review of the evidence [J]. International Journal of Management Reviews, 2007, 9 (2): 141 -170.

[101] Vermaelen, T., Xu, M. Acquisition finance and market timing [J]. Journal of Corporate Finance, 2014, 25: 73 -91.

[102] Withisuphakorn, P., Jiraporn, P. The Effect of CEO Power on the Informativeness of Stock Prices: An Empirical Note [J]. working paper, 2015.

[103] Wong, P., O'sullivan, N. The determinants and consequences of abandoned takeovers [J]. Journal of Economic Surveys,

2001, 15 (2): 145 - 186.

[104] Wurgler, J. Financial markets and the allocation of capital [J]. Journal of Financial Economics, 2000, 58 (1 - 2): 187 - 214.

[105] Yim, S. The acquisitiveness of youth: CEO age and acquisition behavior [J]. Journal of Financial Economics, 2013, 108 (1): 250 - 273.

[106] Yu, X., Zhang, P., Zheng, Y. Corporate Governance, Political Connections, and Intra - Industry Effects: Evidence from Corporate Scandals in China [J]. Financial Management, 2014, 44 (1): 49 - 80.

[107] Zhao, J. Entrenchment or Incentive? CEO Employment Contracts and acquisition Decisions [J]. Journal of Corporate Finance, 2013, 22: 124 - 152.

[108] 北京市道可特律师事务所．目标与结构：企业并购重组的法律透视 [M]. 北京：中信出版社, 2014.

[109] 曹凤岐．上市公司资产重组与并购——六论社会主义条件下的股份制度 [J]. 北京大学学报（哲学社会科学版），1999, 36 (1): 5 - 14.

[110] 陈冬华, 李真, 新夫．产业政策与公司融资——来自中国的经验证据 [C]. 2010 中国会计与财务研究国际研讨会, 2010.

[111] 陈汉文, 陈向民．证券价格的事件性反应 [J]. 经济研究, 2002, (1): 40 - 47.

[112] 陈敏．论投票制度与我国上市公司治理的改进 [J]. 证券市场导报, 2007, (2): 26 - 29.

[113] 陈仕华, 姜广省, 卢昌崇．董事联结, 目标公司选择

与并购绩效——基于并购双方之间信息不对称的研究视角 [J]. 管理世界, 2013, (12): 117 - 132.

[114] 陈涛, 李善民. 支付方式与收购公司财富效应 [J]. 证券市场导报, 2011, (2): 49 - 53.

[115] 陈信元, 陈冬华. 换股合并增加股东财富了吗?——一项案例研究 [J]. 中国会计与财务研究, 2000, 2 (1): 46 - 65.

[116] 陈信元, 张田余. 资产重组的市场反应 [J]. 经济研究, 1999, (9): 47 - 55.

[117] 陈玉罡, 石芳. 反收购条款、并购概率与公司价值 [J]. 会计研究, 2014, (2): 34 - 40.

[118] 崔智生, 李鑫. 产业转型背景下的上市公司并购重组 [J]. 中国金融, 2011, (16): 57 - 58.

[119] 杜兴强, 聂志萍. 中国上市公司并购的短期财富效应实证研究 [J]. 证券市场导报, 2007, (1): 29 - 38.

[120] 方军雄. 政府干预、所有权性质与企业并购 [J]. 管理世界, 2008, (9): 118 - 123 + 148 + 188.

[121] 冯根福, 吴林江. 我国上市公司并购绩效的实证研究 [J]. 经济研究, 2001, (1): 54 - 68.

[122] 傅勇, 谭松涛. 股权分置改革中的机构合谋与内幕交易 [J]. 金融研究, 2008, (3): 88 - 102.

[123] 高见, 陈歆玮. 中国证券市场资产重组效应分析 [J]. 经济科学, 2000, (1): 66 - 77.

[124] 顾乃康, 陈辉. 股票流动性, 股价信息含量与企业投资决策 [J]. 管理科学, 2010, 23 (1): 88 - 97.

[125] 顾勇, 吴冲锋. 上市公司并购动机及股价反应的实证检验 [J]. 系统工程理论与实践, 2002, (2): 84 - 89.

[126] 何诚颖, 李翔. 股权分置改革, 扩容预期及其市场反

应的实证研究［J］. 金融研究，2007，（4）：157－170.

［127］洪锡熙，沈艺峰. 公司收购与目标公司股东收益的实证分析［J］. 金融研究，2001，（3）：26－33.

［128］侯宇，叶冬艳. 机构投资者，知情人交易和市场效率——来自中国资本市场的实证证据［J］. 金融研究，2008，（4）：131－145.

［129］孔东民，刘莎莎，黎文靖，邢精平. 冷漠是理性的吗？中小股东参与，公司治理与投资者保护［J］. 经济学（季刊），2013，11（4）：1－28.

［130］赖步连，杨继东，周业安. 异质波动与并购绩效——基于中国上市公司的实证研究［J］. 金融研究，2006，（12）：126－139.

［131］黎文靖，孔东民，刘莎莎，邢精平. 中小股东仅能"搭便车"么？——来自深交所社会公众股东网络投票的经验证据［J］. 金融研究，2012，（3）：152－165.

［132］李青原. 公司并购绩效与公司边界：交易费用的视角［J］. 南开管理评论，2006，（1）：38－44＋65.

［133］李青原. 资产专用性与公司纵向并购财富效应：来自我国上市公司的经验证据［J］. 南开管理评论，2011，（6）：116－127.

［134］李荣融主编. 并购重组——企业发展的必由之路［M］. 北京：中国财政经济出版社，2004.

［135］李善民，曾昭灶，王彩萍，朱滔，陈玉罡. 上市公司并购绩效及其影响因素研究［J］. 世界经济，2004，（9）：60－67.

［136］李善民，陈玉罡. 上市公司兼并与收购的财富效应［J］. 经济研究，2002，（11）：27－35.

［137］李善民，陈玉罡，辛宇. 并购的价值创造、产业重组与

经济安全国际会议综述［J］. 管理世界, 2010,（1）: 157－161.

［138］李善民, 毛雅娟, 赵晶晶. 高管持股、高管的私有收益与公司的并购行为［J］. 管理科学, 2009,（6）: 2－12.

［139］李善民, 王彩萍, 曾昭灶, 陈玉罡, 朱滔. 中国上市公司资产重组长期绩效研究［J］. 管理世界, 2004,（9）: 131－136.

［140］李善民, 朱滔. 管理者动机与并购绩效关系研究［J］. 经济管理, 2005,（4）: 4－12.

［141］李善民, 朱滔. 中国上市公司并购的长期绩效——基于证券市场的研究［J］. 中山大学学报: 社会科学版, 2005, 45（5）: 80－86.

［142］李善民, 朱滔. 多元化并购能给股东创造价值吗［J］. 管理世界, 2006,（3）: 129－131.

［143］李贤沛, 胡立君. 21 世纪初中国的产业政策［M］. 经济管理出版社, 2005.

［144］李心丹, 朱洪亮, 张兵, 罗浩. 基于 DEA 的上市公司并购效率研究［J］. 经济研究, 2003,（10）: 15－24.

［145］李增泉, 孙铮, 王志伟. "掏空"与所有权安排［J］. 会计研究, 2004,（12）: 3－13.

［146］李增泉, 余谦, 王晓坤. 掏空、支持与并购重组——来自我国上市公司的经验证据［J］. 经济研究, 2005,（1）: 95－105.

［147］刘峰, 谢莹, 毕秀玲, 王健. 换股合并与资本市场效率［J］. 管理世界, 2002,（4）: 122－128.

［148］刘笑萍, 黄晓薇, 郭红玉. 产业周期、并购类型与并购绩效的实证研究［J］. 金融研究, 2009,（3）: 135－153.

［149］陆国庆. 中国上市公司不同资产重组类型的绩效比较: 对 1999 年度沪市的实证分析［J］. 财经科学, 2000,（6）:

20 - 24.

[150] 罗进辉，万迪防. 大股东持股对管理者过度在职消费行为的治理研究 [J]. 证券市场导报，2009，(6)：64 - 70.

[151] 毛蕴诗，郑奇志. 并购与重组：跨世纪十大经典重组 [M]. 北京：中国经济出版社，2011.

[152] 潘红波，余明桂. 目标公司会计信息质量，产权性质与并购绩效 [J]. 金融研究，2014，(7)：140 - 153.

[153] 潘宏. 投资者意见分歧视角下盈余公告的市场反应经验研究 [J]. 投资研究，2012，(1)：98 - 109.

[154] 上海市国有资产监督管理委员会编. 并购与重组 [M]. 上海：上海财经大学出版社，2006.

[155] 邵新建，贾中正，赵映雪，江萍，薛熠. 借壳上市，内幕交易与股价异动——基于 ST 类公司的研究 [J]. 金融研究，2014，(5)：126 - 142.

[156] 史永东，王谨乐. 中国机构投资者真的稳定市场了吗？[J]. 经济研究，2014，49 (12)：87 - 100.

[157] 宋希亮，张秋生，初宜红. 我国上市公司换股并购绩效的实证研究 [J]. 中国工业经济，2008，(7)：111 - 120.

[158] 孙健，卢闯. 高管权力、股权激励强度与市场反应 [J]. 中国软科学，2012，(4)：135 - 142.

[159] 孙铮，李增泉. 股价反应，企业绩效与控制权转移：来自中国上市公司的经验证据 [J]. 中国会计与财务研究，2003，5 (1)：1 - 63.

[160] 谭跃，夏芳. 股价与中国上市公司投资——盈余管理与投资者情绪的交叉研究 [J]. 会计研究，2011，8：30 - 39.

[161] 唐兵，田留文，曹锦周. 企业并购如何创造价值——基于东航和上航并购重组案例研究 [J]. 管理世界，2012，

(11): 1 -8 +44.

[162] 唐建新，陈冬．地区投资者保护、企业性质与异地并购的协同效应［J］．管理世界，2010，(8): 102 -116.

[163] 田高良，韩洁，李留闯．连锁董事与并购绩效——来自中国A股上市公司的经验证据［J］．南开管理评论，2013，16 (6): 112 -122.

[164] 王海．中国企业海外并购经济后果研究［J］．管理世界，2007，(2): 94 -106.

[165] 王化成，孙健，卢闯．控制权转移的微观市场反应——基于丹东化纤（000498）的实证分析［J］．管理世界，2009，(8): 138 -144.

[166] 王化成，岳宝宏．信息披露的市场反应与市场有效性——从控制权转移的视角［J］．东南大学学报：哲学社会科学版，2009，11 (3): 44 -50.

[167] 王茂林，何玉润，林慧婷．管理层权力，现金股利与企业投资效率［J］．南开管理评论，2014，(2): 13 -22.

[168] 王培欣，谭雪．上市公司控制权转移的市场反应研究［J］．管理科学，2013，26 (6): 48 -57.

[169] 王永钦，刘思远，杜巨澜．信任品市场的竞争效应与传染效应：理论和基于中国食品行业的事件研究［J］．经济研究，2014，49 (2): 141 -154.

[170] 王咏梅，王亚平．机构投资者如何影响市场的信息效率——来自中国的经验证据［J］．金融研究，2011，(10): 112 -126.

[171] 威斯通，米切尔，马尔赫林．接管、重组与公司治理［M］．北京：北京大学出版社，2006.

[172] 威斯通，郑光，侯格．兼并、重组与公司控制［M］.

北京：经济科学出版社，2003.

[173] 吴超鹏，吴世农，郑方镳．管理者行为与连续并购绩效的理论与实证研究［J］．管理世界，2008，(7)：126－133＋188.

[174] 徐莉萍，陈工孟，辛宇．产权改革，控制权转移及其市场反应研究［J］．审计研究，2005，(5)：75－88.

[175] 徐莉萍，陈工孟，辛宇．控制权转移，产权改革及公司经营绩效之改进［J］．管理世界，2005，(3)：126－136.

[176] 晏艳阳，宋相群．股价信息含量，企业价值与投资效率［J］．福建师范大学学报（哲学社会科学版），2013，(4)：14－21.

[177] 杨桦，蔡建春．全流通时代上市公司并购与重组经典案例解析［M］．北京：中国和平出版社，2011.

[178] 杨继伟．股价信息含量与资本投资效率——基于投资现金流敏感度的视角［J］．南开管理评论，2012，(5)：99－108.

[179] 杨继伟，聂顺江．股价信息含量与企业资本配置效率研究［J］．管理科学，2010，(6)：81－90.

[180] 姚燕，王化成，卢闯．主并公司股权结构与控制权转移短期市场反应［J］．中国会计评论，2007，(3)：327－342.

[181] 尹雷．机构投资者持股与股价同步性分析［J］．证券市场导报，2010，(3)：72－77.

[182] 游家兴．市场信息效率的提高会改善资源配置效率吗？——基于 R^2 的研究视角［J］．数量经济技术经济研究，2008，(2)：110－121.

[183] 游家兴，张俊生，江伟．制度建设，公司特质信息与股价波动的同步性——基于 R^2 研究的视角［J］．经济学（季刊），2006，6（1)：189－206.

[184] 于丽峰，唐涯，徐建国．融资约束、股价信息含量与

投资——股价敏感性 [J]. 金融研究, 2014, (11): 159 - 174.

[185] 余光, 杨荣. 企业购并股价效应的理论分析和实证分析 [J]. 当代财经, 2000, (7): 70 - 74.

[186] 余军. 机构投资者的投票权与流通股东的利益实现——来自股改事件的经验证据 [J]. 山西财经大学学报, 2010, (12): 88 - 96.

[187] 余鹏翼, 王满四. 国内上市公司跨国并购绩效影响因素的实证研究 [J]. 会计研究, 2014, (3): 64 - 70.

[188] 原红旗, 吴星宇. 资产重组对财务业绩影响的实证研究 [N]. 上海证券报, 1998 - 08 - 26.

[189] 翟进步, 贾宁, 李丹. 中国上市公司收购兼并的市场预期绩效实现了吗? [J]. 金融研究, 2010, (5): 133 - 151.

[190] 张德平. 中国上市公司并购的经营业绩实证研究 [J]. 中国软科学, 2002, (7): 34 - 38.

[191] 张俊瑞, 李婉丽, 周瑾. 中国证券市场并购行为绩效的实证分析 [J]. 南开管理评论, 2002, 5 (6): 51 - 57.

[192] 张秋生, 周琳. 企业并购协同效应的研究与发展 [J]. 会计研究, 2003, (6): 44 - 47.

[193] 张铁铸, 沙曼. 管理层能力、权力与在职消费研究 [J]. 南开管理评论, 2014, 17 (5): 63 - 72.

[194] 张维, 齐安甜. 企业并购理论研究评述 [J]. 南开管理评论, 2002, 5 (2): 21 - 26.

[195] 张新. 并购重组是否创造价值 [J]. 经济研究, 2003, (6): 20 - 29.

[196] 张亚芸. 公司并购中少数股东权益的法律保护 [J]. 管理世界, 2001, (4): 214 - 215.

[197] 张峥, 欧阳红兵, 刘力. 股价前期高点, 投资者行为

与股票收益——中国股票市场的经验研究［J］. 金融研究，2005，(12)：40－54.

［198］张宗新，季雷. 公司购并利益相关者的利益均衡吗？——基于公司购并动因的风险溢价套利分析［J］. 经济研究，2003，(6)：30－37.

［199］赵立彬，张秋生. 股份支付，盈余管理与并购绩效［J］. 南方经济，2012，30（11）：80－88.

［200］郑志刚，梁昕雯，吴新春. 经理人产生来源与企业未来绩效改善［J］. 经济研究，2014，49（4）：157－171.

［201］周小春，李善民. 并购价值创造的影响因素研究［J］. 管理世界，2008，(5)：134－143.

［202］朱宝宪，王怡凯. 1998 年中国上市公司并购实践的效应分析［J］. 经济研究，2002，(11)：20－26.

［203］朱迪星，潘敏. 迎合投资一定非效率吗——基于利益相关者的视角［J］. 南开管理评论，2012，(6)：14－24.

［204］朱滔. 上市公司并购的短期和长期股价表现［J］. 当代经济科学，2006，(3)：31－39＋125.

［205］朱滔. 大股东控制，股权制衡与公司绩效［J］. 管理科学，2007，20（5）：14－21.